全国扶贫教育培训教材（第一批）

中国扶贫理论的形成与发展

全国扶贫宣传教育中心　组织编写

向德平　主　编

中国农业出版社
北　京

编 委 会

指导组（按姓氏笔画排序）

王晓毅　左　停　向德平　庄天慧　孙兆霞

李小云　汪三贵　沈　红　张　琦　陆汉文

卓　翔　罗　丹　夏　英　雷　明　谭诗斌

编委会

主　任：黄承伟

副主任：刘晓山

成　员：骆艾荣　刘少锋　尹建华　伍小华　刘思圻
　　　　张显峰　王海涛

编辑工作组

骆艾荣　刘少锋　阎　艳　袁　泉　李　胜
高雪涛

　　2018 年 2 月 12 日，习近平总书记在四川成都主持召开"打好精准脱贫攻坚战"座谈会，对贯彻好党的十九大精神，全面打好精准脱贫攻坚战做出新部署时强调："要突出抓好各级扶贫干部学习培训。对县级以上领导干部，重点是提高思想认识，引导树立正确政绩观，掌握精准脱贫方法论，培养研究攻坚问题、解决攻坚难题能力。对基层干部，重点是提高实际能力，培育懂扶贫、会帮扶、作风硬的扶贫干部队伍。"总书记关于做好干部学习培训工作的重要论述，是习近平总书记关于扶贫工作的重要论述的重要内容，为做好新时代脱贫攻坚干部培训工作指明了方向，提供了指引。

　　党的十八大以来，以习近平同志为核心的党中央把脱贫攻坚摆在治国理政突出位置，全面打响脱贫攻坚战。新时代脱贫攻坚的精准扶贫精准脱贫基本方略，是对传统扶贫开发方式的根本性变革，对广大干部群众的扶贫实践提出了新的要求，也对以提高扶贫干部工作水平为主要目标的扶贫教育培训提出了新的努力方向。全国扶贫宣传教育中心深入学习贯彻习近平新时代中国特色社会主义思想和党的十九大精神，以习近平总书记关于扶贫工作的重要论述为根本遵循，认真研判扶贫培训需求，积极推进扶贫教育培训教材建设。

　　2017 年，全国扶贫宣传教育中心两次召开扶贫教育培训教材体系建设研讨会，评估脱贫攻坚培训内容及需求，对教材主题、形式、内容等进行研讨，确定第一批理论类、政策类、实务类、案例类和专题类 5 类 8 本教材的编写方案及编写大纲，邀请十多位长期研究中国扶贫问题并有丰富积累的教授担纲编写。历时一年多，在国务院扶贫办领导支持下，在扶贫办政策法规司及其他各司各单位指导帮助下，第一批全国扶贫教育培训教材于 2018 年初编写完成，中国农业出版社承担了出版发行工作。第一批全国扶贫教育培训教材共八册，分别是：《中国扶贫理论的形成与发展》《脱贫攻坚战略与政策体系》《精准扶贫精准脱贫方略》《产业扶贫脱贫概览》《资产收益扶贫的实践探索》《贫困村精准扶贫实施指南》《贫困村创业致富带头人培育工程优秀案例选编》和《脱贫攻坚理论实践创新研究》。

《中国扶贫理论的形成与发展》对贫困进行概述，系统阐述了贫困的产生、测量、分析的维度，重点论述了中国特色扶贫理论的背景、中国特色扶贫理论的构建，以及习近平总书记关于扶贫工作的重要论述。

《脱贫攻坚战略与政策体系》从横向和纵向两个维度对脱贫攻坚战略和政策体系进行叙述和讨论，阐述发展生产脱贫、转移就业脱贫、资产收益扶贫、易地搬迁脱贫、生态扶贫、教育扶贫、健康扶贫、社会保障扶贫以及解决特殊类型贫困问题，组织社会动员和社会参与，为脱贫攻坚提供保障等方面的政策措施。

《精准扶贫精准脱贫方略——基层干部读本》阐释了精准扶贫精准脱贫与全面建成小康社会之间的内在联系与重大意义、脱贫攻坚的目标与任务，深刻剖析了五大发展理念、六个精准与精准扶贫精准脱贫的辩证关系，分析了脱贫攻坚需要处理好的重大关系。

《产业扶贫脱贫概览》对产业扶贫进行了阐述和讲解，对我国产业扶贫及其历程进行了梳理，对扶贫产业选择的方法和未来发展的趋势进行了介绍，还对扶贫产业的风险及其防范进行了重点说明。

《资产收益扶贫的实践探索》在对各地资产收益扶贫项目进行实地调研、总结和提炼的基础上，从理论层面出发，对资产收益扶贫项目的运行机制和发展方向进行深入探索。

《贫困村精准扶贫实施指南——精准扶贫村级实施的程序与方法》包括四个方面的内容：精准扶贫的基本工作程序、村组层次扶贫方案的备选清单、国家打赢脱贫攻坚战相关政策选编、社区贫困的调研与分析方法。

《贫困村创业致富带头人培育工程优秀案例选编》从全国征集的

贫困村创业致富带头人培育工程案例中优选了 10 个案例进行讲解，并对具体的做法、效果、机制、政策等方面进行了重点论述。

《脱贫攻坚理论实践创新研究》以党的十八大为时间节点，充分反映了近五年来扶贫领域理论与实践的新思路和新发展，系统梳理了脱贫攻坚各领域政策体系、体制机制和实践经验。

2018 年 6 月 15 日，中共中央、国务院印发《关于打赢脱贫攻坚战三年行动的指导意见》要求"实施全国脱贫攻坚全面培训"。我们认为，这八本教材以习近平总书记关于扶贫工作的重要论述为根本遵循，紧紧围绕脱贫攻坚重要问题和关键议题展开，具有基础性、开拓性、可操作性等特点，希望能够为全国脱贫攻坚"大培训"提供参考和借鉴，助力打赢脱贫攻坚战。

全国扶贫宣传教育中心

2018 年 7 月

第一章 贫困概述

一、贫困的界定

贫困是一个动态的、历史的概念，人类对于贫困的认知总体上经历了由单一维度向多维度的发展过程，即由收入贫困拓展到收入、能力、权利、福利以及心理感知等多方面的贫困。

早期的贫困内涵大多从经济意义上理解，即物质生活资料匮乏，强调物质和收入的绝对数量，它以收入和消费为主要关注的指标，与人类基本生存要素的不足有关。从这个意义上说，贫困是指总收入水平不足以获得仅仅维持身体正常功能所需的最低生活必需品[①]。劳埃德·雷诺兹在《微观经济学》中说："所谓贫困问题，是说在美国有许多家庭，没有足够的收入可以使之有起码的生活水平"[②]。国家统计局认为："贫困一般是指物质生活困难，即一个人或一个家庭的生活水平达不到一种社会可接受的最低标准。他们缺乏某些必要的生活资料和服务，生活处于困难境地"[③]。

随着时间和空间的推移以及人们思想观念的变化，单一关注收入和消费的贫困涵义遭到了较多的质疑。此后，个人能力和社会公平也被纳入到贫困的界定中，贫困的度量也更倾向于运用相对指标。20 世纪 70 年代以来，贫困研究不仅仅关注于物质，还关注于资本、尊严、权利、机会等多方面，能力贫困、权利贫困等概念的提出与广泛运用是这一时期贫困研究延伸与丰富的具体体现。中外学者对能力贫困的理解有多种，世界银行的《1990 年世界发展报告》

---

① Rowntree B S, Hunter R. POVERTY：A STUDY OF TOWN LIFE ［J］. Charity Organisation Review，1902，11（65）：260 - 266.

② 劳埃德·雷诺兹，马宾. 微观经济学 ［M］. 北京：商务印书馆，1986.

③ 叶普万. 贫困概念及其类型研究述评 ［J］. 经济学动态，2006（7）：67 - 69，119.

将贫困界定为"缺少达到最低生活水准的能力"①。阿马蒂亚·森认为，贫困必须被视为基本可行能力的被剥夺，而不仅仅是收入低下②。胡鞍钢将贫困划分为收入贫困、人类贫困和知识贫困，收入贫困是指缺乏最低水平的、足够的收入或支出；人类贫困是指缺乏基本的人的能力，如不识字、营养不良、缺乏卫生条件、平均寿命短等；知识贫困是指缺乏获取、交流、应用和创造与信息的能力，或者缺乏权利、机会与途径获得的能力。贫困人口不仅收入低下，缺乏人类发展能力，而且缺乏知识资产和获得知识与信息的能力③。康晓光认为，贫困是人的一种生活状态，在这种生活状态中，人由于不能合法地获得基本的物质生活条件和参与基本的社会活动的机会，以至于不能维持一种个人生理和社会文化可以接受的生活水准④。

随着研究的深入，学者们对贫困与风险、贫困与脆弱性、贫困与社会排斥有了更深刻的认识，贫困必然意味着抗风险能力的弱化以及社会排斥的衍生，减贫一定要把降低脆弱性和社会排斥作为重要的目标和内容。世界银行认为："贫困是风险、面临风险时的脆弱性以及不能表达的自身需求和影响力"⑤。易受损害性或脆弱性是指一些因素能削弱人们应付贫困和灾难的能力，使其抵御冲击的能力减弱，从而更容易陷入恶性循环的贫困中。社会关系建构则使贫困个体或贫困社群不能通过经济机会或国家扶贫工作改善他们的贫困状况⑥。在此基础上，联合国开发计划署提出了"人文贫困"的概念，极大地拓展了人们对贫困的理解空间——贫困被定义为缺乏人类发展所需的最基本的机会和选择，包括"健康长寿的生活被剥夺、知识的匮乏、体面的生活的丧失以及缺少参与等"。例如，有学者认为贫困不仅仅指收入低微和人力发展不足，它还包括对外部冲击的脆弱性，包括缺少发言权和权利及被社会排斥在外⑦。

贫困的内涵经历了一个从狭义向广义不断拓展的过程，即从收入贫困向能力贫困、权利贫困、人文贫困拓展，从注重物质贫困研究向精神贫困的转变，从单一性指标向复合性指标衡量的转变。

二、贫困的特征

从宏观的角度看，贫困具有以下几个普遍性的特性：

① 世界银行.1990 年世界发展报告 [M]. 北京：中国财政经济贸易出版社，1990：68.
② 阿马蒂亚·森. 以自由看待发展 [M]. 北京：中国人民大学出版社，2002：85.
③ 胡鞍钢，李春波. 新世纪的新贫困：知识贫困 [J]. 中国社会科学，2001 (3)：70‐81.
④ 康晓光. 中国贫困与反贫困理论 [M]. 南宁：广西人民出版社，1995.
⑤ 世界银行.1990 年世界发展报告 [M]. 北京：中国财政经济贸易出版社，1990：26.
⑥ 赵群，王云仙. 社会性别与妇女反贫困 [M]. 北京：社会科学文献出版社，2011：5.
⑦ 世界银行. 中国战胜农村贫困 [M]. 北京：中国财政经济出版社，2001.

1. 从历史演进的角度看，贫困呈现出动态性、历史性 虽然在某个时期贫困是静态的，但从纵向或历史演进的角度看，它是一个动态的、历史的概念。随着客观环境，尤其是经济发展水平的变化以及公众对最低生活水平理解的变化，贫困及其表现也发生相应变化。同一时期的不同国家，由于生产力水平的差异，对贫困的衡量标准则不同。同一国家的不同历史发展阶段，贫困的标准和界定也因生产力发展水平的不同而有所不同。

2. 从贫困成因和表现形式看，贫困表现为复合性和多元性 贫困与落后或困难联系在一起，经济、社会、文化乃至肉体的和精神的各个方面。一般来说，随着人们对贫困成因和性质的认知变化，贫困的多元性特征更加突出。除了人均收入水平外，教育水平、健康状况、卫生条件等指标也可以用来刻画贫困特征。

3. 从贫困衡量标准及其界定看，贫困具有公众普遍认可的客观社会性 贫困是低于"最低"或"最起码"的生活水准，这种"最低"或"最起码"是得到社会普遍认可的。贫困标准的制定，就是根据社会公众认可的标准开出的维持最低生活需要一张"清单"。

4. 从贫困的实质看，贫困的核心是能力欠缺 从表象上看，贫困首先表现为"低收入"，但就其实质来看，是缺乏"手段"和"能力"，是能力贫困。

从微观的角度看，不同地区、不同群体都有其具体的贫困特征：

（1）不同地区的贫困特征 由于地区差异性，不同地区会显现出不同的贫困特征。以我国为例，我国城市贫困和农村贫困就有不同的特征。

我国的贫困主要聚集在农村地区，特别是西部民族地区。我国西部民族地区农村贫困具有贫困人口多、贫困程度深、返贫比例高等特征。在 2010 年颁布的《中国农村扶贫开发纲要（2011—2020 年)》中，明确要对连片特困地区进行扶贫，从地理与经济状况看，连片特困地区大多为民族聚集区。据不完全统计，我国农村贫困人口中，少数民族占到一半，少数民族贫困人口占到少数民族地区总人口的 18.5%，而汉族地区贫困人口只占汉族地区总人口的 2.7%[①]。内蒙古、广西、贵州、云南、青海、宁夏、新疆的贫困分布率远高于全国平均水平[②]。以贵州省为例，2011 年贵州省农村贫困人口为 1 149 万人，居全国之首，贫困人口数量和贫困发生率均居全国第一[③]。西部民族地区贫困程度较深，同时返贫率也是最高的，西南、西北两大块少数民族地区农村的返贫率高达

① 陈会方，朱平华. 西部民族地区农村贫困特征与治理转型 [J]. 学术论坛，2016（9）：124 - 127.
② 郑长德. 中国西部民族地区贫困问题研究 [J]. 人口与经济，2003（1）：7 - 11.
③ 汪霞，汪磊. 贵州连片特困地区贫困特征及扶贫开发对策分析 [J]. 贵州社会科学，2013（12）：92 - 95.

20％以上，西北有个别地区甚至出现返贫人口超过脱贫人口的情况[①]。

我国城市贫困主要分布在小城市、资源型城市和少数民族聚居型城市。据2011年8月中国社会科学院发布报告显示，我国城市贫困人口总数约有5 000万人[②]。从东西部区域来看，西部地区的城市贫困人口集聚加剧，贫困加深区较多，西南地区部分少数民族聚居型城市呈现低人均GDP和相对低贫困发生率的"特殊性低贫"，东北地区资源型城市呈现高人均GDP和高贫困发生率的"隐藏性贫困"[③]。近年来，我国城市出现了因社会结构转型、经济体制转轨、经济和产业调整、国有企业改革而诱发的贫困，生活在困境中的下岗、失业人群以及部分外地打工者，形成了城市"新贫困"人群。城市新贫困的"新"，主要是为了突出当前的城市贫困有别于我国的农村贫困，也有别于我国传统的城市贫困。农村的贫困更多是与长期的二元社会制度设定和政策安排有关，传统的城市贫困人口主要是"三无人员"，而现在的城市新贫困，明显区别于前两者，呈现出绝对意义和相对意义并存、再生性和被动性相结合、失业型和失业者居主体、离散性和边缘性相伴生等特征，具有明显的社会转型和制度变迁的烙印。

（2）不同群体的贫困特征　由于自身能力的局限，以及社会机会的匮乏、社会保障不健全，女性、老年人、儿童、残疾人等特殊群体更容易陷入贫困。

女性贫困具有脆弱性、分散性、隐蔽性、传递性、交叉性的特征。瓦伦丁·M·莫格哈登（《贫困女性化——有关概念和趋势的笔记》的作者）早在2000年就研究发现，相比男性贫困，女性贫困具有长期性。事实上，除长期性以外，我国女性贫困还具有多重特殊性，可将其概括为5个方面。一是脆弱性。受长期男尊女卑文化的影响，女性在家庭中处于从属地位，这种从属地位被延伸到社会、经济和文化的各个领域，成为所谓的性别歧视。二是分散性。女性贫困作为贫困人口的一部分，分布在全国各个区域，且西部欠发达地区相对集中，而在发达地区，女性贫困群体所占比例较小，其分散性更大，呈现出"小集中、大分散"的特征。三是隐蔽性。由于女性维权意识不高，加之对女性贫困的统计欠缺，导致女性贫困具有一定的隐蔽性。这种隐蔽性的特征，加大了扶贫的难度。四是传递性。女性贫困会直接影响到生育数量和质量、孩子的教育质量和健康水平，而这些因素对孩子的成长有着决定性的影响，女性贫困最终会通过这些渠道传递给下一代，即贫困妇女的子女在很大程度上也会陷

①　许彦．西部民族地区反贫困的路径选择和制度安排［M］．成都：西南财经大学出版社，2013．
②　姚建平．中国转型期城市贫困与社会政策［M］．上海：复旦大学出版社，2011．
③　袁媛，古叶恒，陈志灏．中国城市贫困的空间差异特征［J］．地理科学进展，2016（2）：195 - 203．

入贫困境地。五是交叉性。所谓交叉性，主要体现在分布区域、年龄、身份的交叉上，例如西部留守老年妇女和少数民族地区女性更容易陷入贫困，而她们中的单亲妈妈、患病女性等特殊人群则更是贫困的"重灾区"。女性贫困的交叉性特点决定了单一的扶贫政策很难发挥最大的效果，而大幅减少女性贫困，必须出台政策的组合拳[①]。

儿童贫困具有的风险高、危害大、影响深等特征。儿童贫困是指儿童生活在低收入家庭或儿童被剥夺福利[②][③]。贫困通过多种途径影响儿童早期发展[④]，0～5岁是儿童大脑发育的关键期和敏感期，容易受到外界影响[⑤]，由于贫困带来的营养不良、健康缺失等不利因素可能导致儿童永久的潜能损失，从而进一步导致儿童学龄期的学业成绩差、成年期的社会地位和生产力低[⑥][⑦]。另外，贫困家庭饮用水安全性低、卫生设施条件差，极容易引发儿童疾病。贫困家庭往往缺乏与儿童的互动以及对儿童的教育，导致儿童早期教育受到剥夺，缺少丰富的认知刺激。部分贫困家庭关系不稳定、不和谐，有些儿童甚至会受到虐待，这些儿童更容易在儿童后期、青少年期出现情绪和行为问题。因此，儿童贫困具有的风险高、危害大、影响深等特征，必须高度重视贫困家庭中儿童的生存与成长问题。

老年人贫困具有脆弱性、差异性、延续性的特征。据统计，老年贫困发生率为7.1%～9.0%[⑧]，贫困率较高，相对福利水平较低[⑨]。我国已经进入老龄化社会，而我国的社会保障体系处于初级水平，养老保障制度尚未完善，在贫

---

① 闫坤. 我国女性贫困特征及致贫原因——精准扶贫应引入性别因素（上）[N]. 中国妇女报，2017-01-18.

② Minujin A，Delamonica E，Davidziuk A，et al. The definition of child poverty：a discussion of concepts and measurement [J]. Environment and Urbanization，2006，18（2）：481-500.

③ Short KS. Child poverty：definition and measurement [J]. Academic Pediatrics，2016，16（3）：S46-51.

④ 魏乾伟，王晓莉，郝波. 儿童贫困与儿童早期发展 [J]. 中国儿童保健杂志，2014，22（12）：1287-1289.

⑤ Grantham-McGregor S，Cheung Y B，Cueto S，et al. Developmental potential in the first 5 years for children in developing countries [J]. Lancet，2007，369（9555）：60-70.

⑥ Walker S P，Wachs T D，Gardner J M，et al. Child development：risk factors for adverse outcomes in developing countries [J]. Lancet，2007，369（9556）：145-157.

⑦ Hair N L，Hanson J L，Wolfe B L，et al. Association of child poverty，brain development，and academic achievement [J]. JAMA Pediatrics，2015，169（9）：822-829.

⑧ 王德文，张恺悌. 中国老年人口的生活状况与贫困发生率估计 [J]. 中国人口科学，2005（1）：60-68，98.

⑨ 王明亮. 报告：中国老年人贫困率较高，相对福利水平较低 [EB/OL]（2016-12-05）[2018-4-19]. http：//money. 163. com/16/1205/11/C7H6EOJA002580S6. html.

困地区大多数老年人由于缺乏收入和服务保障使他们的生活陷入困境①，同时养老保险制度的收入再分配功能较弱，部分养老金领取者可能陷入老年绝对贫困，许多老年人也可能陷入老年相对贫困，低收入者、灵活就业人员、高龄老人和部分弱势群体的老年贫困发生率很高②，老年人属于弱势群体中更加脆弱的人群。老年人贫困的差异性体现在地域差异、城乡差异、性别差异等方面，老年人的境遇在较为富裕的东部沿海和较为贫困的中西部地区具有很大的不同，东部沿海地区利用其经济优势、政策优势、社会服务优势，在一定程度上可以缓解贫困老年人困苦、孤独的生活，而中西部的老年人较少享受到类似的保障与服务。农村老年人相对于城市老年人而言，能够享受到的公共服务较少且质量不高，部分农村老年人家庭经济条件差、子女外出谋生，老年生活更加孤苦。在不同健康状态下，我国女性老年人口的剩余期望寿命明显长于相同年龄男性老年人口③，但无论在哪个确切的年龄，男性的健康平均分值均高于女性④。在中国老年人口中，女性贫困人口大大多于男性⑤。贫困老年人往往会陷入"经济拮据—生活水平下降—多病大病—经济更拮据"的恶性循环，呈现出贫困延续性的特征。

残疾人贫困具有复杂性、特殊性、长期性的特点。残疾人由于生理或心理上的缺陷，丧失了部分或完全的劳动能力，因此大多数残疾人处于无业状态，无法获取独立的经济地位，主要依靠家庭其他成员供养。与正常人相比，残疾人在日常生活和工作中需要克服更多的障碍，承担着来自自身和社会更多的压力，并且时常会受到社会歧视，极容易产生自卑感、孤独感和剥夺感，脱离整个社会。因此，残疾人贫困往往是多维贫困，既包括物质贫困，也包括心理贫困、精神贫困，残疾人贫困具有复杂性的特征，在帮扶残疾人的过程中，不仅仅要从物质上帮助残疾人，还要从心理、精神层面重塑残疾人的信心，使他们真正体会到社会的温暖。相比其他贫困类型的人群，残疾人贫困具有特殊性、长期性的特征，残疾人大多数是无法参与正常劳动，且受教育程度较低，残疾人家庭年均收入较低，医疗保健支出占家庭收入的比例较高，这就决定了贫困将会长期地存在于残疾人的生活当中，因此帮助残疾人摆脱贫困具有更大的挑战性。

---

① 王金营，杨茜．中国贫困地区农村老年人家庭贫困-富裕度研究［J］．人口学刊，2014（2）：45－54．

② 郑春荣．中国城镇职工基本养老金的公平性——基于不同收入群体的分析［J］．中国人口科学，2013（1）：88－97，128．

③ 郁学敏，时钰，李雪阳，等．基于追踪调查数据的中国老年人口健康状况与期望寿命研究［J］．老龄科学研究，2016，4（5）：49－60．

④ 乔晓春，胡英．中国老年人健康寿命及其省际差异［J］．人口与发展，2017，23（5）：2－18．

⑤ 乔晓春，张恺悌，孙陆军．中国老年贫困人口特征分析［J］．人口学刊，2006（4）：3－8．

三、贫困的分类

依据反映生存状态的生活质量指标，贫困表现为绝对贫困与相对贫困、狭义贫困和广义贫困、长期贫困与短期贫困。根据贫困的成因，表现为制度性（结构性）贫困、区域性贫困和阶层性贫困三大类[①]。从扶贫战略研究角度进行分类，贫困可以归结为2种类型：一种是资源或条件制约性贫困，它通常表现为宏观上的区域性贫困；另一种是能力约束性贫困，它通常表现为个体贫困。当然，还可以根据这两种贫困的制约程度的不同，又将贫困细化为若干亚贫困类型。

（一）绝对贫困和相对贫困

绝对贫困又称生存贫困，是指在一定的社会生产和生活方式下，个人或家庭依靠劳动所得或其他收入不能维持最基本的生存需求，衣食不得温饱，劳动力本身再生产难以维持。

相对贫困是指比较而言的贫困，一方面是指对随着时间变迁和不同社会生产、生活方式下贫困标准变化而产生的贫困，另一方面是指对在同一时期不同社会成员和地区之间的差异而言的贫困。绝对贫困与相对贫困的比较见表1-1。

表1-1　绝对贫困与相对贫困的比较

贫困类型	特征识别	共同点	不同点
绝对贫困	①它以贫困线为衡量标准，低于贫困线就是绝对贫困；绝对贫困的国际标准由下线标准和上线标准以及区间范围组成，下限标准以下为赤贫人口 ②贫困线就是购买基本的必需品或维持最低限度生活需要的最低收入水平。这里的必需品一般包括人体最低需要摄取的食品，以及最简单的衣物、住房等，这些只是为了维持最基本的生存需要 ③强调贫困的客观性和绝对数量 ④绝对贫困是可以消除的	缺乏足够收入来维持一种社会认可的生活标准的状态	绝对贫困只是为了维持最基本的生存需要，而相对贫困是相对于社会上的其他人的收入而言
相对贫困	①相对贫困是以社会平均生活水平为衡量标准，它是介于贫困线和社会认定的某种平均水平间的一种生活状态 ②相对贫困的出发点是人们间收入的比较和差距，它是低收入者解决了温饱问题，是相对于全社会而言表现出来的贫困状态。其本质上已经与分配不公、生活质量下降及其引起的精神痛苦等因素联系在一起 ③强调在一定区域范围内人的生存质量和水平的相互比较，具有一定的主观偏好，它依赖于一定的主观价值判断加以确定 ④任何社会都存在相对贫困		

① 康晓光．中国贫困与反贫困理论［M］．南宁：广西人民出版社，1995.

（二）狭义贫困和广义贫困

狭义贫困仅指经济意义上的贫困，即生活不得温饱，生产难以维持，是一个传统的经济学范畴。在国际上通常采用恩格尔系数去判定人们生活水平的高低或贫富的层次。恩格尔系数是指人们全年食物支出金额与总支出金额的比率。即：

$$恩格尔系数 = \frac{全年食物支出金额}{总支出金额} \times 100\%$$

依据这个系数，联合国提出了一个划分贫困与富裕的标准，即恩格尔系数在 60% 以上者为贫困，50%～59% 为温饱，40%～50% 为小康，30%～40% 为富裕，30% 以下为最富裕[1]。

广义的贫困除狭义贫困的内容外，还包括社会、文化等意义上的贫困，以及营养不足（营养不良）、人口平均寿命短、婴儿死亡率高、文盲人数众多等[2]。狭义贫困与广义贫困的特征识别见表 1-2。

表 1-2　狭义贫困与广义贫困的特征识别

贫困类型	特征识别
狭义贫困	①狭义贫困只包括物质生活的贫困 ②贫困是直观的，它可以用一定的实物量作为判断标准，主要反映的是生活水平，而不是生活质量 ③贫困可以用一系列经济指标来衡量，而不涉及其他非经济因素
广义贫困	①广义贫困是物质和精神方面的两重贫困 ②物质贫困可用一系列具体的量化的经济指标加以衡量，而衡量贫困的精神方面的因素则难以具体量化 ③广义贫困是一个动态的、相对的概念。一方面物质贫困和精神贫困都是与社会中大多数人的生活状况相比较而言，另一方面随着整个社会生活水平和意识形态的变化，贫困的衡量标准也会相应发生变化 ④贫困是继发性的。随着物质贫困的逐渐改善，精神贫困就会逐渐出现，相比较而言，消除精神贫困比消除物质贫困难度更大，任务更艰巨 ⑤精神贫困具有较大的隐蔽性，不容易被社会大多数人所发现

（三）长期贫困与短期贫困

短期贫困是指处于贫困状况的一部分人从收入上看低于贫困线，但他们由

---

① 朱力. 社会问题概论 [M]. 北京：社会科学文献出版社，2002：430.
② 王尚银. 中国社会问题研究引论 [M]. 杭州：浙江大学出版社，2005：208.

于储蓄或能够借钱，因此消费水准却高于贫困线。这种贫困是由于自然灾害、疾病或其他突发性事件造成的，贫困持续时间一般为少于 1 年。

与短期贫困相比而言，长期贫困是指处于贫困状况的这部分人，他们无论是收入还是消费都低于贫困线，他们没有储蓄也无法借钱来维持高于贫困线的消费水平。长期贫困具有的特征是这种贫困状态已经存在了很长时间，或经过长时间仍不能脱贫，其持续时间至少是 5 年以上，虽经扶贫也难以脱贫[①]。

（四）制度性贫困、区域性贫困和阶层性贫困

根据生活质量的决定因素或贫困成因可以将贫困分为 3 种类型：制度性（结构性）贫困、区域性贫困和阶层性贫困[②]。

制度性贫困是指由于社会制度决定了生活资源在不同地区、不同区域、不同群体和个人之间的不平等分配，从而导致了特定地区、区域、群体或个人处于贫困状态。区域性贫困是指在相同的制度安排下，由于各个地区在自然条件和社会发育程度方面的差异，从而导致特定区域生活资源供给的相对缺乏，贫困人口相对集中。阶层性贫困是指在相同的制度安排下，在大约均质的空间区域或行政区划内，某些群体、家庭或个人，由于身体素质较差、文化程度不高、家庭劳动力少、生产资料不足、缺少社会关系等原因，而导致获取生活资源的能力较差，从而陷于贫困状态。制度性贫困、区域性贫困、阶层性贫困的特征识别见表 1-3。

表 1-3　制度性贫困、区域性贫困、阶层性贫困的特征识别

贫困类型	贫困的成因	贫困的特征
制度性贫困	制度的刚性作用而导致部分群体被排斥在体制之外而导致的贫困	①政府是政策制定的主体 ②具体的制度包括分配制度、就业制度、财政转移支付制度、社区服务和分配制度、社会保障制度等 ③政策、制度的作用范围为整个社会或某个群体；政策在资源分配中起决定性作用 ④政策范围外的地区、区域、群体或个人享有的生活资源低于社会生活需要的平均水平 ⑤从宏观层面体现致贫原因；致贫的外生性和刚性特征 ⑥制度的变更是贫困人口脱贫的关键

① 世界银行.1990 年世界发展报告［M］.北京：中国财政经济贸易出版社，1990：26.
② 康晓光.中国贫困与反贫困理论［M］.南宁：广西人民出版社，1995.

（续）

贫困类型	贫困的成因	贫困的特征
区域性贫困	①贫困是由于区域间先赋的自然条件差异造成的，如自然资源在地区间分布不均 ②在自然资源和地理差异基础上形成的社会发展水平的不同而造成的相对贫困	①贫困人口相对集中在某个区域内，区域内贫困人口的同质性相对较强 ②从宏观层面体现致贫原因、致贫的内生性 ③体现了贫困的长期性 ④经过努力可以脱贫
阶层性贫困	由于个人内在因素在阶层内相对较差而致贫	①它是在某个群体或区域内由于个人因素而导致的贫困，更多的体现的是致贫因素的异质性 ②从微观层面体现致贫原因 ③个人综合因素的提升是脱贫的关键

（五）资源或条件制约性贫困和能力约束性贫困

资源或条件制约性贫困分为边际土地型贫困和资源结构不合理型贫困，更多的是从宏观层面来体现资源在区域上的分布不均。能力约束性贫困是指丧失劳动能力导致的贫困和缺乏专业技能引起的贫困，更多体现的是微观层面的个体间的素质差异和机会的不均等。资源或条件制约性贫困与能力约束性贫困比较见表1-4。

表1-4 资源或条件制约性贫困与能力约束性贫困比较

贫困类型	分　类	原　　因	特　　征
资源或条件制约性贫困	边际土地型贫困和资源结构不合理型贫困	边际土地型贫困是由于私人对土地的投入形成的收益难以弥补所投入的支出；资源结构不合理型贫困是由于资金缺乏或交通、通信、能源等基础设施落后导致的	①资源性贫困更多的是从宏观层面来体现资源在区域上的分布不均 ②先赋条件的劣势、历史机遇的区域差异
能力约束性贫困	丧失劳动能力导致的贫困和缺乏专业技能引起的贫困	由于意外事故、突发性事件、先天遗传等因素导致丧失劳动能力；个人教育程度低、综合素质低、观念的落后等个人内在因素而致贫	更多体现的是微观层面的个体间的素质差异和机会的不均等

第二章 贫困的产生

探究贫困的产生，重点在于分析导致贫困的成因，也就是要回答"为什么会穷？"这个看似简单却并不简单的问题。贫困的成因复杂多样，且与寻找到正确的减贫脱贫之路密切相关。因此，有必要对此问题展开深入研究。然而，要回答好这个问题并非易事，否则也不会有那么多的国内外学者，长期致力于关于贫困成因的理论和实证研究，他们从各自独特的视角，解释不同的发展阶段、不同的地域、不同的群体的贫困现象，努力揭示导致贫困的多重因素，取得了很多有价值的研究成果。例如，环境约束论、国际结构论、传统经济论、经济剥削论、贫困恶性循环理论、低水平均衡陷阱理论、循环积累因果关系理论、社会分层论、制度不利论、资本缺乏论、风险冲击论、机会缺失论、贫穷文化论和个人素质论等，这些理论对单个或者多个导致贫困的成因进行了分析。事实上，贫困是多重因素交互影响及综合作用的结果。本章就采用系统分析法，结合我国农村的贫困实际，对贫困的成因展开探讨。

一、自然因素致贫

国内外众多学者认为自然因素是导致贫困的主因之一。第一，由于自然资源贫乏、自然条件恶劣，劳动成果受自然条件影响程度较大，生存和生活在这种自然条件中的群体容易陷入贫困境地；第二，自然生态有着天然的脆弱性，一旦遭到破坏，就难以在短时期内得到恢复，会导致农村耕地减少，农业收益降低，进一步加剧贫困[1]；第三，恶化的生态又会增加自然灾害的发生概率，对农牧业生产产生致命打击，反过来，自然灾害又

---

[1] 杜毅，孙晓锦. 我国农村贫困致因研究综述［J］. 洛阳理工学院学报（社会科学版），2016，31（4）：52-56.

会加剧自然生态的恶化[①]，在二者的恶性循环和交织作用下，致贫的可能性显著增加。

（一）自然因素致贫的相关理论

20世纪90年代以来，国内外将地理信息技术和遥感技术的应用及空间计量方法应用到贫困研究中，将自然环境对贫困的影响扩展到空间层次[②]。Mkondiwa通过实证研究论述了马拉维农村地区缺水和贫困的关系，从环境角度印证了自然因素致贫[③]。Daimon T[④]，Bird K[⑤] 分别基于印度、津巴布韦、越南等国家的贫困研究表明，地理位置偏远、农业生态环境恶劣、基础设施和公共服务供给不足等区域易陷入空间贫困陷阱[⑥]；Okwi通过对肯尼亚农村贫困发生率与地理条件关系的分析，得出海拔、坡度、土地利用类型等因素能够显著解释贫困空间格局的结论[⑦]。康晓光认为影响贫困的自然因素主要包括区域所处的地理位置、地型和地貌，以及气候、土壤、植被等农业自然资源和矿藏等加工业自然资源[⑧]。曲玮通过实证研究，也认为自然地理环境制约是导致贫困的重要因素之一[⑨]。张蕴萍在分析我国农村贫困形成机理的内外因素中，也指出独特的地理环境是导致贫困的一个重要外部因素[⑩]。

（二）自然因素致贫的实证分析

我国的集中连片贫困地区和贫困县（旗、市）绝大部分都是分布在山区、

① 邵延学. 我国农村贫困特点、成因及反贫困对策探究 [J]. 商业经济，2014 (9)：29-32.

② 王文略，毛谦谦，余劲. 基于风险与机会视角的贫困再定义 [J]. 中国人口·资源与环境. 2015，25 (12)：148-149.

③ Mkondiwa M，Jumbe C B L，Wiyo K A. Poverty - Lack of Access to Adequate Safe Water Nexus：Evidence from Rural Malawi [J]. African Development Review，2013，25 (4)：537.

④ Daimon T. The Spatial Dimension of Welfare and Poverty：Les - sons From a Regional Targeting Programme in Indonesia [J]. Asian Economic Journal，2001，15 (4)：345-367.

⑤ Bird K，Shepherd A. Livelihoods and Chronic Poverty in Semi - arid Zimbabwe [J]. World Development，2003，31 (3)：591-610.

⑥ 罗庆，李小建. 国外农村贫困地理研究进展 [J]. 经济地理，2014，34 (6)：1-8.

⑦ Okwi P O，Ndeng G，Kristjanson P，et al. Spatial Determinants of Poverty in Rural Kenya [J]. Proceedings of the National Academy of Sciences，2007，104 (43)：16769-16774.

⑧ 康晓光. 中国贫困与反贫困理论南宁 [M]. 南宁：广西人民出版社，1995：93.

⑨ 曲玮，涂勤，牛叔文，等. 自然地理环境的贫困效应检验：自然地理条件对农村贫困影响的实证分析 [J]. 中国农村经济，2012 (2)：21-34.

⑩ 张蕴萍. 中国农村贫困形成机理的内外因素探析 [J]. 山东社会科学，2011 (8)：33-37.

丘陵区或高原区,特别是群山连绵区①。以 14 个连片特困地区②③为例,这些地区尽管覆盖了全国 21 个省(自治区、直辖市)680 个县,行政区划面积 383 万千米²,占全国行政区划总面积的比重接近 40%,但它们呈块状或片状分布于土地贫瘠、水土流失严重的深山区、石山区、荒漠区、黄土高原区、地方病高发区以及少数民族聚集区、边境地区、泄洪区等,呈现出地处偏远,自然环境差,土地、水等自然资源短缺,洪、旱、霜、雹、震、病虫等自然灾害频发,生产生活条件恶劣等共同特征。

这些地区一方面由于受到恶劣的自然条件和频发的自然灾害的影响,导致交通不畅、信息封闭、农业基础设施落后、生产成本和交易成本增高,难以形成生产和交易的规模化经营。另一方面,这些地区处于生态脆弱和失衡区域。贫困地区大多处于生态敏感地带,即介于两种或两种以上具有明显差异生态环境的过渡带和交错带。其典型特征是对环境因子变动的敏感性强,因环境或景观的变化导致土地生产力的急剧下降乃至丧失。在传统掠夺式经营模式下,我国贫困地区遭到长期乱砍乱垦,植被遭受严重破坏,导致水土流失和土地严重退化,荒漠化现象也相当严重。绝大部分西部贫困县都面临着生态恶化的严重影响,其中不少贫困县位于生态影响波及面很大的区域④。受到这两个方面的双重约束和阻碍,贫困地区总体的经济发展速度滞缓。

近年来,随着政府扶贫开发力度逐年加大,很多地区摘掉了贫困的帽子,但仍然有部分地区受到自然环境因素的限制,发展效益低下,至今尚未摆脱贫困。相比之下,具备地理优势和自然环境资源充沛的东部六省(粤、闽、浙、苏、鲁、辽)和沿海省市已无贫困地区。由此可见,自然因素是导致贫困的主要因素之一。

二、经济因素致贫

贫困问题一直为经济学家所关注,他们从经济学的不同角度,运用经济学的研究方法,探寻导致贫困的原因。马克思从资本主义经济制度揭示了早

---

① 魏巍. 我国主要贫困地区分布新格局及扶贫开发新思路,国务院扶贫开发领导小组办公室官网 [EB/OL]. (2011-07-05) [2017-02-28]. http://www.cpad.gov.cn/art/2011/7/5/art_56_20897.html.

② 14 个连片特困地区包括:六盘山区、秦巴山区、武陵山区、乌蒙山区、滇桂黔石漠化区、滇西边境山区、大兴安岭南麓山区、燕山—太行山区、吕梁山区、大别山区、罗霄山区等,以及实施扶贫开发特殊政策的地区包括:西藏、四省藏区、新疆南疆三地州。

③ 中共中央国务院印发《中国农村扶贫开发纲要(2011—2020 年)》[EB/OL]. [2018-04-20]. http://www.gov.cn/gongbao/content/2011/content_2020905.htm.

④ 张蕴萍. 中国农村贫困形成机理的内外因素探析 [J]. 山东社会科学,2011 (8):34.

期资本主义时期无产阶级贫困的根源；古典政治经济学家从传统市场的角度探讨贫困的成因；发展经济学家则立足于资本、劳动力、技术等生产发展要素，提出了一系列关于经济因素致贫的理论；福利经济学家们在探究如何增加社会福利总量的进程中，发现了贫困人口能力的缺乏是导致贫困的根本原因。

（一）经济因素致贫的相关理论

1. 马克思主义的经济制度论 马克思、恩格斯最早从经济制度层次上揭示了贫困的根源。他们认为资本主义体系是贫困的成因，其贫困学说立足于资本主义生产的本质，即生产剩余价值，资本吸吮雇佣工人的剩余劳动。他们从资本和雇佣劳动的对立关系上，联系资本积累和人口过剩、经济危机来阐述无产阶级贫困化理论。马克思在《资本论》中指出，在资本主义制度下，在资本主义的剩余价值规律和资本积累的一般规律作用下，无产阶级的失业和贫困是必然产物。资本积累带来的后果必然是两极分化，一极是资产阶级的财富积累，另一极就是无产阶级的贫困积累。无产阶级要摆脱贫困，如果寄希望于资本主义生产的高度发展，只是天真的幻想。他比喻资本主义积累的一般规律是把无产阶级的贫困命运钉在资本上，"比赫斐斯特司的楔子把普罗米修斯①钉在岩石上钉得还要牢"②。马克思主义指出，无产阶级摆脱贫困的唯一出路是剥夺者被剥夺，消灭雇佣劳动制度，废除资本主义，建立社会主义，直至实现共产主义。

2. 古典政治经济学的市场贫困论 古典政治经济学认为，在自由市场经济条件下，贫困是个人的选择行为和市场调节的结果。市场情景中劳动力供求关系的波动产生了贫困，而且这种贫困不可抗拒。而工作的穷人不是缺乏工作，而是缺乏技能去承担高收入的工作。经验证明，经济的增长并不能有效地改变贫困，越来越明显的两极分化和越来越壮大的穷人队伍，在经济的高速发展之后反而会更加突出③。

3. 发展经济学的资本贫困论 资本是经济学的一个重要概念，指的是用于生产的基本生产要素，即资金、厂房、设备、材料等物质资源。很多发展经济学家认为，人力、物力和财力资本的缺乏是造成贫困的重要原因，他们从不同角度揭示了资本不足与经济发展停滞的恶性循环关系，具有代表性的有罗森

① 古希腊神话故事中，普罗米修斯把神火带到人间，造福于人类，却被锁在岩石上遭受饿鹰啄食肝脏的折磨。

② 马克思. 资本论（第1卷）[M]. 北京：人民出版社，1972：708.

③ 贺巧知，慈勤英. 城镇贫困：结构成因与文化发展 [J]. 城市问题，2003（3）：45-49.

斯坦·罗丹的"大推进理论"、佩鲁的"增长极理论"、纳克斯的"贫困恶性循环理论"、纳尔逊的"低水平均衡陷阱理论"、莱宾斯坦的"临界最小努力理论"、缪尔达尔的"循环积累因果关系理论"、赫希曼的"不平衡发展理论"、哈罗德和多马的"哈罗德—多马模型"、刘易斯的"二元经济模型"、舒尔茨的"人力资本理论"、W·W·罗斯托的"经济起飞论"、劳尔·普雷维什及萨米尔·阿明的"中心—外围理论"等[①]。

美国学者舒尔茨认为贫困人口人力资本的缺乏是造成贫困的主要因素，他把个人和社会为了获得收益而在劳动力的教育培训等方面所做的各种投入，统称为人力资本投资，人力资本投资上的差异造成个人之间、群体之间的收入差距。因此，解决贫困问题的关键在于提高贫困者的人力资本投入水平。Naschold提出了"家庭资产贫困陷阱理论"，认为拥有稳定资产、大面积土地并且受到良好教育的家庭贫困的概率会小很多。Christiaensen依据人力资本论，认为农户通过生产的兼业化、获得更多的生计资本，在一定程度上能够减轻贫困。国内学者认为贫困的成因除了人力资本和家庭资产缺乏外，还包括基础设施的投资不足，劳动者知识技能缺乏，劳动力转移等[②]。

4. 福利经济学的能力贫困论 福利经济学研究贫困的焦点在于社会经济福利，主要代表人物有霍布森、阿瑟·塞西尔·庇古、帕雷托及阿马蒂亚·森等。其中，阿马蒂亚·森的能力贫困论以独特的视角研究贫困问题荣获1998年诺贝尔经济学奖。该理论深刻分析了隐藏在贫困背后的生产方式的作用，以及贫困的成因和实质。他认为："要理解普遍存在的贫困，频繁出现的饥饿或饥荒，我们不仅要关注所有权模式和交换权利，还要关注隐藏在它们背后的因素。这就要求我们认真思考生产方式，经济等级结构及其他们之间的相互关系"[③]。

阿马蒂亚·森以人的实质自由为中心，提出能力贫困和权利贫困，认为贫困本质上是个人可行能力的剥夺，背后的真正成因是个人发展所必需的机会和选择权利的丧失。他认为，对贫困根源的认识，不能仅仅关注贫困人口为什么会收入低下，而应该围绕贫困人口的生存状态，研究其个人能力为什么被剥夺，机会和权利为什么会丧失？搞清楚这两个问题，才有可能找到贫困陷阱的精准破解之道。因为正是这些机会和选择权利使人们过上"富人"体面的生活，享受自由、获得自尊和他人的尊重。与此相对，"穷人"的这些机会和选择权利，因为受到经济、政治和社会福利制度等方面的排斥而缺失，只能过穷

① 陈端计，詹向阳. 贫困理论研究的历史轨迹与展望 [J]. 青海师专学报. 教育科学，2006 (1)：15-20.

② 王文略，毛谦谦，余劲. 基于风险与机会视角的贫困再定义 [J]. 中国人口·资源与环境. 2015，25 (12)：148-149.

③ 阿马蒂亚·森. 贫困与饥荒——论权利与剥夺 [M]. 北京：商务印书馆，2001：12.

酸、被动"等、靠、要",甚至受人歧视的"穷人"生活。与之前的收入贫困理论相比,能力贫困理论更关注人自身的需要,遵循以人为本的理念;而权利贫困理论则更注重从社会、政治和法律的层面分析贫困的成因。阿马蒂亚·森认为,通过重建个人能力来避免和消除贫困。

(二) 经济因素致贫的实证分析

中华人民共和国成立以来,为了促进我国重工业化的发展,稳定城镇人口,减少农民流动给城市带来的压力,我国长期实行城乡分割的二元经济结构体制,实行城乡有别的公共物品供给制度和户籍制度。农民长期不能自由流动,阻碍了城乡人口交流,严重阻碍了劳动力的自由流动,妨碍了生产要素的利益最大化原则,导致城乡分割和农村的封闭。

在这种经济体制下,我国农村贫困地区经济生产现代化水平低下,产业结构不合理,农业种植种类单一,经济发展空间小。农民单靠农业收入难以维持生计,生产投资的积极性下降,于是选择弃田抛荒,外出务工,剩下的只有留守老人、妇女和儿童,农村的"空心化"现象普遍存在。农业生产劳动力数量和质量大幅下降,造成人力资本匮乏,进而导致农业基础设施等物力资本和生产投入资金等财力资本投入不足,农业经济整体发展速度缓慢。

同时,必须正视的是贫困人口可行能力依然存在缺乏和弱化的问题,进而带来的权利贫困也客观存在。外加贫困地区的地理位置远离区域经济中心,一般处于政府投资和市场发育停滞的绝缘地带,难以接受到经济中心的辐射带动。随着差距日益拉大,有限的经济发展要素更加向区域经济中心集中,贫困地区内生发展明显不足。由于缺乏必要的积累,贫困地区贷款融资困难,产业规模化发展受限,经济发展能力持续弱化,进一步加剧了贫困程度。

三、社会因素致贫

探讨社会因素致贫更多的是从社会结构的角度进行研究。社会结构是各种社会关系的总和,持有这种理论观点的学者会从宏观层次强调贫困是个体难以克服的,是在受到不利社会制度的制约束缚下,在社会资本缺乏的情境中,以及在受到社会风险等不可抗力冲击的情况下,而陷入的社会资源分配不平等、发展机会不均衡、抗风险能力较为脆弱的社会结构性贫困。

(一) 社会因素致贫的相关理论

1. **社会制度不利论** 社会制度不利论者认为不公平的社会制度是造成贫困的原因。1971 年,汤森德 (Townsend) 首先注意到了制度与贫困的关系,他认为贫困的原因不仅在于资源短缺，还在于分配不公和相对剥夺[①]。从国内研究看，我国户籍制度、城乡二元结构等都被认为是导致农村贫困的成因，导致个人或家庭不能获得维持正常的物质和精神生活需要。也有学者认为制度创新不足和有效制度滞后是造成贫困的重要原因[②]。

2. 社会资本缺乏论　持有社会资本缺乏论观点的学者们认为，社会资本的缺乏是造成贫困人口长期贫困的一个重要原因，而社会资本的丰富以及对其有效利用则有利于减轻长期贫困。社会资本是自然资本、物质资本、人力资本的必要补充，也是发展所不可缺少的。它与传统资本概念的差别在于它是一种非正式制度，是行动者在行动中获取和使用的嵌入在社会网络中的资源。

林南（Lin, N.）是较早从理论上分析社会资本不平等影响收入不平等作用机制的学者。他认为社会资本可能造成和加剧相对剥夺，从而扩大收入差距。根据林南提出的而被学术界广为接受的达高性、异质性和广泛性三维标准来测量，穷人是缺乏高质量社会资本的，其能够获取和动用的社会资源也劣于富人，因此社会资本对穷人的回报也可能会低于对富人的回报[③]。

3. 社会风险冲击论　所谓风险，就是可能发生不幸事件的概率。导致贫困的风险主要包括静态风险和动态风险。静态风险是指自然灾害和意外事件带来的风险，例如人们不幸遇到的自然灾害、疾病、家庭成员去世或疾病、农作物及家畜的病害等所有会为贫困群体带来冲击和影响的因素；动态风险，指原本并不贫困的群体在遭遇风险后陷入贫困的可能性。风险来临时，抗风险能力弱的人们则往往会陷入贫困。与风险理论相伴相生的，还有机会理论。机会理论认为，抗风险能力较弱的脆弱群体，往往在对机会的把握能力上也较为欠缺。对机会的把握，其实质是对风险偏好的不同，如高风险偏好群体会率先接受新事物、采用新技术，从而比其他人较早脱离贫困，而低风险偏好群体总是抱着观望态度，不愿冒险，而仍旧采用他们认为保险但实际上落后的技术或行为，因而较难摆脱贫困[④]。

（二）社会因素致贫的实证分析

1. 社会制度的视角　结合我国的国情，长期的城乡二元结构下，农村无论是从户籍制度、农地产权制度，还是从教育制度、医疗制度、社会保障制度

①　刘海军. 中国农村贫困成因研究综述 [J]. 中国集体经济，2009（9）：87.
②　王文略，毛谦谦，余劲. 基于风险与机会视角的贫困再定义 [J]. 中国人口·资源与环境. 2015，25（12）：148-149.
③　Lin, N.，张磊. 社会资本：关于社会结构与行动的理论 [M]. 上海：上海人民出版社，2005.
④　王文略，毛谦谦，余劲. 基于风险与机会视角的贫困再定义 [J]. 中国人口·资源与环境. 2015，25（12）：148-149.

等方面来看，都明显处于弱势地位。城乡之间的制度差别直接导致城乡居民在经济、政治、文化和社会等多方面资源分配的差别。

改革开放以来，大量农民工进城务工，但是户籍制度又是阻碍他们融入城市的主要障碍。而且，社会保障和公共物品供给制度的城乡有别使得农民无法获得必需的公共物品，严重影响了农民生产能力的发展和生活水平的提高，是农民增加收入受到影响和陷入贫困的一个重要原因。贫困人口的权利在制度供给不足的情况下被制度性地忽视甚至剥夺，使他们被排除在制度之外，失去了选择的能力，从而导致贫困人群的能力缺乏和脱贫的困难。

以农村社会保障制度为例，我国 80％的人口在农村，但是农民却曾经长期被排除在包括医疗、养老、教育等社会保障体系之外[①]。如今，我国新型农村社会养老保险试点工作正在推进，但与城市社会养老保险水平相比，我国农村社会养老保险的保障水平明显偏低，由于筹资成本较高，保险回报率较低，导致部分农民不愿积极参与，制约了农村社会养老保障水平的发展和提升[②]。如果城乡差别制度长期没有改变，这些差别就有日益加大的趋势，即出现富人越富、穷人越穷的"马太效应"。

2. **社会资本的视角**　社会资本同前面讲到的人力资本、物力资本和财力资本一样，指的是身处社会网络中的个人，通过网络中的人际关系互动可以获得的收益。举例来说，当前信息社会飞速发展，农村的信息基础设施和技术服务依然薄弱。农民身处信息社会网络的末端，缺乏靠自身力量获取宏观市场信息、价值资源和优惠政策的能力，因此就难以依照市场供求情况来合理安排生产。在市场经济和信息社会的时代背景下，社会资本的匮乏再次使农民陷入贫困的境地。相关研究发现，社会资本可以通过增加融资和创业、保护产权、提供公共品和促进劳动力流动等渠道，增加贫困人口的人力资本和物质资本，或者提高这些资本的回报率，从而能够缓解或者减少农村长期贫困。在市场化的初期，社会资本往往能够起到更大的作用，对正式制度有很强的互补性[③]。

3. **社会风险的视角**　风险因素致贫，不仅在贫困地区的贫困家庭中较为常见，在脱贫后又重新返贫的贫困家庭中也表现得较为突出。农村家庭由于缺乏资产和能力储备，抵御风险能力水平低下，一旦遇到疾病、伤亡、自然灾害等意外，极易致贫或返贫。我国农村贫困家庭脱贫后进入高收入阶层的机会很

---

①　张蕴萍. 中国农村贫困形成机理的内外因素探析 [J]. 山东社会科学，2011 (8)：33 - 37.

②　农村贫困问题特点、成因及扶贫策略 [EB/OL]. (2014 - 02 - 10) [2018 - 04 - 20]. http://www.scfpym.gov.cn/show.aspx? id=23789.

③　社会资本在减轻农村贫困中的作用：文献述评与研究展望 [J]. 南方经济，2014 (7)：35 - 51.

小，大部分脱贫家庭脱贫后仍然处于收入底层，只有极少部分家庭能脱离低收入阶层。在贫困家庭中，约 65.2% 的家庭在脱贫后处于非贫困阶层的收入底层，其中约 38.3% 的家庭脱贫后处于非贫困家庭收入的最底层，基本上位于贫困线附近，这也使得贫困家庭在脱贫后一旦遇到意外情况立即返贫[①]。同时，随着原来贫困家庭的不断脱贫，剩下的家庭大部分是长期贫困的家庭，他们脱贫的可能性比暂时性贫困的家庭要小得多。

四、文化因素致贫

文化因素致贫的相关研究中，具有代表性的是贫困文化理论和情境适应理论，这两种理论都强调贫困文化是导致贫困群体陷入贫困状态的主要因素。前者强调贫困文化的代际传递，具有持久性；后者则认为在特定情境的刺激和一定强度的期待下，贫困文化是可以改变的。

（一）文化因素致贫的相关理论

1. **贫困文化理论** 贫困文化理论最早由美国学者刘易斯通过对贫困家庭和社区的实地研究提出。他认为，贫困人口之所以处于十分贫困的地位，是因为有一种"贫困文化"。贫困人口通常居住在贫民区，这种独特的居住方式促进了贫困者之间的集体互动，并与其他社会群体相对隔离开来，天长日久便形成了一种脱离社会主流文化的贫困亚文化。这种亚文化形成之后，将一代代传递下去。贫困者的孩子在生活中长期接受它的熏陶，会自然而然地习得贫困文化，因而他们很难改变自己的生活方式，即使遇到摆脱贫困的机会也很难利用这种机会走出贫困。穷人已经内化了与主体社会格格不入的一整套价值观念，基本不能依靠自己的力量去利用机会摆脱贫困的命运。另一位美国学者查尔斯·默里进一步研究了贫困文化。他认为，福利国家的发展带来了一种削弱个体抱负和自助能力的亚文化。那些福利依赖者不是为自己设计未来并努力过上一种更好的生活，而是宁愿接受施舍。因此，他认为福利已经腐蚀了人们工作的动力[②]。

国内学者也注重从文化的因素研究贫困的成因。有学者认为贫困亚文化的存在，一方面是穷人在社会强加的价值规范下无法获得成功，进而采取的种种应对挫折和失望的不得已选择；另一方面，也有相当一部分穷人，他们心甘情

① 王云生. 中国农村长期贫困程度、特征与影响因素 [J]. 经济问题，2011 (11)：71-76.
② 贫困的成因与反贫困的战略 [EB/OL]. [2017-10-29]. http://sars. china. com. cn/chinese/zhuanti/xxsb/1247680. htm.

愿地生活于自己的文化圈。因此，扶贫要先扶志。

2. **情境适应理论** 甘斯是情境适应理论的代表人物之一。甘斯认为，行为最初起因于对现存环境的适应。他将文化分为行为文化和期待文化，行为文化是人类最初对现实生存环境反应的行为，被内化为规范，不再随环境的变动而改变，其中内化了的规范就构成行为的原因；期待文化是受适应者本人期待的影响，期待的强度及其持久性经常各不相同。甘斯认为文化是对经济和生存环境的反应，贫困文化不是永久的，是可以改变的，只是改变非常困难，需要新情境的刺激，并且要付出巨大的努力。

国内相关研究认为，面对结构的变迁及新的结构机会时，作为非主流文化的一部分，贫困者适应变迁的快慢，以及由于不适应而招致的反叛，都可能构成贫困圈内的特有文化。适应的状况如何，与贫困者自身内在的价值观念和周围的实际环境都有关系，适应的结果可能是走出贫困，也可能更持久地陷入贫困[①]。

(二) 文化因素致贫的实证分析

目前，我国农村扶贫正由传统的"输血式"扶贫正逐渐向"造血式"扶贫转变。可总有一些贫困地区，无论是之前的"输血"，还是后来的"造血"，始终呈现出"理想很丰满，现实很骨感"的状态，实际减贫成效并不明显。归根结底，是由于贫困文化束缚了这些贫困地区人们的思想和行动。

文化是人类精神活动及其产品的总称，也是人类思维的外在表现形式。贫困地区信息闭塞、教育落后，导致文化极度匮乏，进而致使当地人的思维僵化，缺乏改变自身现状的斗志。这种甘愿贫困，不愿改变的思维模式和精神状态长期保持和积累下去，日复一日，年复一年，就内化成为当地贫困人口特定的思维定式和价值取向，进而形成故步自封、保守不前的贫困文化。在这种贫困文化的作用下，原本受教育和就业作为切断贫困代际传递链的有效路径，也因主观因素制约变得异常狭窄，贫困人口改变不利条件和摆脱贫困状态的能力受限，从而造成了"你穷，是因为你穷"的尴尬局面。贫困家庭的子女就这样无形之中失去了改变命运、摆脱贫困的机会，无奈地成为所谓的"贫二代"，甚至"贫三代"。贫困被贫困人口一代又一代地代际传递下去，贫困链条也一次又一次被复制，贫困再生产的怪圈由此被恶性循环往复，成为减贫路上的无形陷阱和重大阻碍。因此，越来越多的研究者认为，贫困文化是导致贫困的根源所在，也是减贫脱贫实践过程中亟须改变的关键所在。

---

① 贺巧知，慈勤英. 城镇贫困：结构成因与文化发展 [J]. 城市问题，2003（3）：45-49.

五、多元贫困论

如前所述，不同学科、不同领域的专家学者对贫困的关注视角都不尽相同，关注重点也各有侧重，但越来越多的学者发现，贫困作为一种具有长期性、复杂性、区域性的社会经济现象，应运用系统分析方法对导致贫困的成因展开全方位、多维度的研究。由此，关于贫困成因的研究不仅在原有的经济、政治、社会和文化领域中不断深化，还被引入其他更为广阔的领域，逐渐形成了多元贫困论。多元贫困论认为，导致贫困的成因是多元的，且相互影响，交互作用。

（一）多元贫困论的相关理论

事实上，在早期单一领域的贫困研究成果中，已经有学者发现了贫困成因的多元性以及交互性的特点。例如，循环积累因果关系理论的代表人物缪尔达尔认为，导致贫困的因素存在于一个动态的社会过程中，社会经济各因素之间存在着循环累积的因果关系。某一社会经济因素的变化，会引起另一社会经济因素的变化，这后一因素的变化，反过来又加强了前一个因素的变化，并导致社会经济过程沿着最初那个因素变化的方向发展，从而形成累积性的循环发展趋势[1]。阿马蒂亚·森也关注一元贫困向多元贫困的演化，他指出不应仅关注贫困群体的经济状况，还应关注贫困群体"免受困苦的基本可行能力，以及能够识字算数、享受政治参与等的自由"[2]。

随着贫困问题的日益复杂化和多样化，我国学者们对贫困成因的多元性探索也在不断拓展和深化。他们认为，贫困除了在自然、经济、社会、文化等多方面因素的交互作用和共同影响下产生，也不乏因历史、科技、信息、个体以及其他特殊的致贫因素所致。随着多元贫困论的发展，贫困本身也被重新定义，即贫困不仅仅意味着贫困人口缺乏经济收入，还体现在贫困人口发展权利、身心健康、文化教育、自我尊严、体面生活、社会保障等多个方面的缺失和困顿。有学者建议立足贫困的现实特点，基于贫困人口可行能力和主观福利感受构建多维贫困指数，注重多元贫困成因导致的多维贫困状态，且关注贫困的动态持续与转变，找准共性致贫因素的同时，深层次发掘多维贫困状态中的

———————

　　① 循环累积因果论 ［EB/OL］．［2017 - 11 - 09］. https：//baike. baidu. com/item/％E5％BE％AA％E7％8E％AF％E7％B4％AF％E7％A7％AF％E5％9B％A0％E6％9E％9C％E8％AE％BA/4012100？fr＝aladdin.

　　② 阿马蒂亚·森. 以自由看待发展 ［M］. 任赜，于真，译. 北京：中国人民大学出版社，2002：30.

多元致贫因素，只有这样才能提高扶贫的精度与效度，惠及更多的贫困人口[①]。

（二）多元贫困的实证分析

改革开放以来，我国农村的减贫实践在世界贫困规模不断扩大的不利环境中，取得重大进展，农村贫困人口从 1978 年的 2.5 亿人减少到 2016 年的 4 335 万人，贫困发生率从 30.7% 下降到 4.5%[②③]。然而，在减贫实践取得巨大成就的同时，减贫进入攻坚克难时期，其中农村多元化因素致贫的新问题尤为明显。

农民是农村多元贫困下的弱势群体，农村多元化贫困是由于地缘、历史、经济、文化等各方面原因所导致的集体贫困化状况[④]。一方面，是区域经济发展涓流效应的逐渐减弱，另一方面，贫困成因的多元复杂性却在日益强化。贫困治理确实面临着全新挑战。这种挑战，不仅体现在解决剩余绝对贫困人口的基本生存问题，更体现在如何才能解决全体贫困人口，即包括绝对贫困和相对贫困人口在内的贫困群体所共同面临的多重因素致贫的多元化贫困的困境上[⑤]。只有在经济、政治、社会、文化、个体等多重因素相互作用的框架下，在精准扶贫方略的指导下，形成社会大扶贫的整体格局，才能适应多元贫困对减贫实践的新要求，发挥可持续的多元扶贫效应。从这个角度而言，多元贫困论给减贫实践指明了全新的目标与方向，对我国乃至世界的减贫事业都具有重要意义。

六、小　结

学者们关于贫困成因的研究热情一直没有减退过，从对贫困现象的分析到对致贫因素的深层次分析，再到有针对性地提出科学减贫脱贫的方略、政策、方法和手段。本章主要从自然、经济、社会、文化和贫困多元论 5 个方面分别

---

① 高帅，毕洁颖. 农村人口动态多维贫困：状态持续与转变 [J]. 中国人口·资源与环境，2016 (2)：76-83.

② 常红，李叶. 中国 2.5 亿农村贫困人口成功脱贫，压力挑战仍然艰巨 [N]. 人民日报，2011-9-30.

③ 赵广道. 国家统计局：我国贫困发生率降至 4.5% [EB/OL]. (2017-10-10) (2017-11-09). http://xw.sinoins.com/2017-10/10/content_244356.htm.

④ 罗桥. 贵州社会工作教育与实践反思——农村多元贫困中弱势现状之下的贵州社会工作本土化探索 [J]. 贵州工业大学学报（社会科学版），2008，10 (3)：221-224.

⑤ 李红玲. 农民专业合作组织的多元扶贫逻辑与公共治理 [J]. 贵州社会科学，2014 (7)：133-137.

对贫困的成因进行了较为系统地分析，介绍了国内外相关理论的主要观点和研究成果，并分别结合我国农村贫困地区的实际进行了初步的实证分析和探讨。

然而，贫困的成因绝不仅限于此。随着社会的转型和发展，贫困的成因也在不断发生着变化，且它们之间总是相互影响、交互作用（图 2-1）。只有深入研究这个变化和影响的过程，把握动态，找准"穷根"，才能明确靶向，坚决打赢脱贫攻坚战，确保全面小康的路上，一个都不能少。

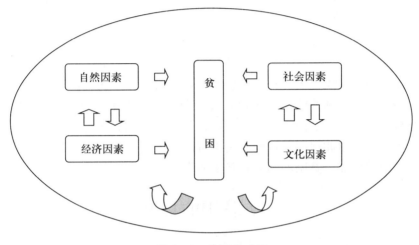

图 2-1 贫困的成因

第三章 贫困的测量

消除或减少贫困是人类社会发展的基本要求之一，随着社会的发展，人类对贫困的认识也在不断演进，同时对贫困的定义也在不断丰富。在前两章中，具体介绍了如何界定贫困及贫困产生的原因。在对贫困有了基本的认识之后，这一章将具体介绍如何测量贫困。关于贫困的测量，将主要从 3 个方面展开论述，即贫困的标准、贫困的测度和贫困的识别。

一、贫困的标准

人类对贫困的认识不断深入，对贫困的内涵也在不断完善。起初，人们对贫困的认识主要是避免饥饿和营养不良等。1901 年，英国学者朗特里（Benjamin Seebohm Rowntree）开始用收入来定义英国的贫困。1963 年，美国经济学家欧桑斯基（Mollie Orshansky）开始用收入来定义美国的贫困。1981 年，世界银行开始对各发展中国家进行消费和收入贫困预算。2010 年，联合国开发计划署《人类发展报告》第一次公布了基于 Sabina Alkire 等测量的多维贫困指数（MPI），拓展了人类发展理论对贫困的测量。因此，可以将贫困的测量标准分为两类：收入/消费标准和多维贫困指数。下面，将具体介绍这两类标准，并结合我国的精准扶贫战略，讨论我国的扶贫标准。

（一）收入/消费标准

英国是最早制定收入贫困标准的国家，随后美国也制定了收入贫困标准。所以，对于收入/消费标准的介绍，将主要回顾英国和美国的贫困标准及变化过程和我国贫困标准的变化。

1. 英国和美国的收入贫困标准

（1）英国的贫困标准及变化 1950 年之前，英国选用基本的食品、衣着、住房需求的"购物篮子"作为衡量贫困的标准；之后，随着福利国家的建立，

1950 年之后，用"购物篮子"来衡量贫困的方法被废除。之后，英国开始用相对贫困标准、绝对贫困标准及社会排斥等方法来衡量贫困。以下为英国贫困标准的变化历程。

① 相对贫困标准。1979 年之后，英国将贫困定义为"家庭收入低于收入中位数的 60%"。中位数收入是指处于中间收入分配阶层的家庭所获得的税后收入。据英国统计数据显示，1979 年有 13.7% 的人口处于相对贫困线以下，2007 年有 23% 的人口处于相对贫困线以下，2013 年，英国有 21% 的人口处于相对贫困线以下（表 3-1）。

表 3-1 英国的贫困状况（1979—2014 年）

年　份	人数（百万人）			占总人口的比例（%）		
	低于收入中位数的 60%	低于收入中位数的 50%	低于收入中位数的 40%	低于收入中位数的 60%	低于收入中位数的 50%	低于收入中位数的 40%
1979—1980 年	7.6	3.3	1.3	13.7	5.9	2.4
1989—1990 年	12.9	8.3	3.9	22.9	14.8	7.0
1998—1999 年	14.0	9.4	4.8	24.4	16.3	8.3
2000—2001 年	13.4	8.8	4.9	23.1	15.3	8.5
2002—2003 年	13.1	8.5	4.9	22.4	14.6	8.3
2004—2005 年	12.1	7.9	4.9	20.5	13.4	8.3
2006—2007 年	13.2	9.0	5.6	22.2	15.2	9.4
2007—2008 年	13.6			23.0		
2008—2009 年	13.5			22.0		
2009—2010 年	13.6			22.0		
2010—2011 年	13.0			21.0		
2011—2012 年	13.1			21.0		
2012—2013 年	13.2			21.0		
2013—2014 年	13.2			21.0		

资料来源：1979—2007 年数据来源于英国国家统计局，2008—2014 年数据来源于英国财政研究所的生活标准与贫困研究。

② 社会排斥。1998 年之后，英国开始监测社会排斥。对社会排斥的监测，与对贫困的监测的不同在于：第一，社会排斥并不仅限于收入或物质资料的消费，它还包括对居家生活的人的银行账户等基本服务的担忧等；第二，社会监测主要是监测"谁"正在进行排斥以及监测"谁"正在受到社会排斥。英国对于社会排斥的监测采取了相对测量的方法。例如，对于 6~18 岁的成员，测量其是否被持久的排斥在学校教育、职业培训之外，并将这一测量结果与之前的年份进行比较，分析学校排斥是加重了还是减轻了[1]。

① 王小林. 贫困测量：理论与方法 [M]. 北京：社会科学文献出版社，2017：28.

综上发现，英国的贫困标准实际上经历了如下变化。第一，1979年之后，英国开始将贫困的标准转向相对贫困。因为，按照收入排序，总是低于收入中位数的60%的人，这样在制定反贫困策略时，就可以更多地关注低收入人群，同时也可以缩小人们的收入差距，另外还可以整体提升人们的生活满意度。第二，英国开始逐渐关注社会排斥。关注社会排斥，可以更好地为反贫困策略提供相关方法，以便在国家制度和政策层面消除社会排斥，更好地实施反贫困策略，提高社会的包容度。

（2）美国的贫困标准　在美国，有2个版本的官方贫困线，也就是贫困线和贫困指南。其中，贫困线是美国人口统计局发布的，主要是用来统计贫困人口的数量，例如用贫困线来估计美国每年的贫困人口数量；而贫困指南则是由美国健康与人类服务部发布的，它主要是用于项目管理的，例如根据项目指南来看看一个人是否能够获得联邦项目提供的援助。

① 贫困线。1964年，约翰逊政府宣布"向贫困宣战"，同时确定了贫困的绝对标准；1965年，美国社会保障部的Orshansky将美国的贫困线进行了拓展，第一是经济水平，第二是低成本水平。具体而言，就是首先将美国家庭分为农场和非农场这两大类；其次，考虑一下美国家庭的人口结构与规模；然后，再考虑一下户主的年龄；最后，确定一个可接受的最低生活标准。目前，美国的贫困线依然是根据消费支出调查数据（CES），测算满足基本需要的收入水平，如食品、居住、衣着等，之后根据不同的地理位置的住房成本进行相应的调整。表3-2是2014年美国人口统计局公布的国家贫困线。

表3-2　2014年美国的贫困线

家庭人口（人）	18岁以下成员消费支出（美元/年）								
	0	1人	2人	3人	4人	5人	6人	7人	8人或以上
1	11 354	16 317							
2	14 309	16 256							
3	18 518	19 055	19 703						
4	24 418	24 817	24 008	24 091					
5	29 447	29 875	28 960	28 252	27 820				
6	33 869	34 004	33 303	32 631	31 633	31 041			
7	38 971	39 214	38 375	37 791	36 701	35 431	34 036		
8	43 586	43 970	43 179	42 485	41 501	40 252	38 953	38 622	
9人及以上	52 430	52 685	51 984	51 396	50 430	49 101	47 899	47 601	45 768

资料来源：美国统计局的收入和贫困研究。

② 贫困指南。由于国家统计局制定的贫困线比较复杂，许多项目按照健康和人类服务部制定的贫困指南识别扶贫对象。贫困指南更加简便，适宜于实

践中操作。表 3-3 给出了 2015 年美国健康和人类服务内部确定的家庭贫困指南，如一个四口之家，贫困线为 24 250 美元[①]。

表 3-3　美国 48 个连片的州和哥伦比亚地区的贫困指南（2015）

家庭人口数（人）	贫困指南（美元）
1	11 770
2	15 930
3	20 090
4	24 250
5	28 410
6	32 570
7	36 730
8	40 890

注：对于超过 8 人的家庭，每增加 1 人，贫困线增加 4 160 美元。

资料来源：2015 年度美国家庭贫困指南。

综上发现，虽然美国的贫困线相对复杂，但它考虑了不同的家庭结构与规模。也就是说，不同规模和结构的家庭适用不同的贫困线，只要家庭收入低于贫困线，那么家中所有人口都会被确定为贫困人口。相对而言，我国的收入贫困线却没有考虑家庭的规模与结构，其实这不利于精准扶贫、精准脱贫战略的实施。

2. 中国的贫困标准及变化

（1）农村绝对贫困标准　我国农村的贫困标准在 1985 年、1990 年、1994 年、1997 年是由国家统计局农村社会经济调查总队根据全国农村住户调查分户资料测定的，其他年份则使用农村居民消费价格指数进行更新。1986 年，我国制定了 206 元的贫困标准，这个标准以每人每日 8 786 千焦热量的最低营养需求为基准，再根据最低收入人群的消费结构来测定[②]。

我国在 1997 年采用了世界银行使用的确定贫困线的基本方法，对贫困标准进行了测算。其具体步骤如下：①按照每人每日 8 786 千焦确定最低营养需求；②利用全国农村住户调查数据计算食物贫困线。③计算非食物贫困线，采用世界银行的马丁法，利用计量方法找到"低"非食物贫困线和"高"非食物贫困线。④计算贫困线，食物贫困线＋"低"非食物贫困线＝低贫困线；食物贫困线＋"高"非食物贫困线＝高贫困线。⑤确定农村扶贫标准。20 世纪，我国农村的贫困面积很大，但是国家的扶贫资源有限，所以我国政府根据当时

---

① 王小林 . 贫困测量：理论与方法 ［M］. 北京：社会科学文献出版社，2017：32.

② 张磊，王燕 . 贫困监测与评估 ［M］. 北京：中国农业出版社，2008：94.

的情况，确定了低贫困线，以此作为农村贫困的标准来衡量当时农村的贫困状况①。

（2）农村低收入标准 为了更好地了解实现基本温饱的贫困人口的动向，1998 年国家统计局开始重新测算贫困标准，在 2000 年，我国政府以低收入标准的方式来测算贫困。

1998 年，国家统计局用人均收入和人均消费双指标来衡量一个农户是否属于贫困人口。收入和消费双指标衡量方法是指，如果某一住户的人均可支配收入或人均消费支出中的一项低于贫困标准，而另一项低于某一较高标准，如1.5 倍贫困标准，就为贫困户。从这一标准来看，贫困户基本包括 3 类：第一，人均可支配收入和人均消费支出均低于消费标准，这一类人肯定属于贫困人口，是需要帮扶的对象；第二，人均可支配收入低于贫困标准，但消费水平高于贫困标准却又低于某一较高的标准，他们属于消费水平较低且收入水平也很低的人群，虽然从消费的角度看，他们或许不属于贫困人口，但是因为收入很低，他们的消费水平可能也会随之降低，由此成为贫困人口，因此他们也是需要扶持的对象；第三，人均消费支出低于贫困标准，但人均可支配收入高于贫困标准却又低于某一较高标准，他们属于收入水平较低且消费水平也很低的人群，他们的收入虽然偶尔会高于贫困标准，但由于其消费水平很低，并且没有储蓄能力以使其消费水平达到贫困标准以上，因此他们也应是政府扶持的对象。当时，我国农村的低收入标准接近世界银行每天 1 美元的标准（表 3 - 4）②。

表 3 - 4　中国 2000—2005 年贫困比较　　　　　单位：元

项　目	2000 年	2001 年	2002 年	2003 年	2004 年	2005 年
农村贫困标准	625	630	627	637	668	683
农村低收入标准	865	872	869	882	924	944
世界银行每天 1 美元的标准	876	882	873	884	918	935

2008 年年底，我国宣布将扶贫标准从人均年收入 786 元提高至 1 067 元，即将我国贫困标准和低收入标准合二为一，统一使用 1 067 元作为扶贫标准。之后，随着消费价格指数等的变化，在 2009 年和 2010 年，将扶贫标准分别上调至 1 196 元和 1 274 元。

（3）当前的农村贫困标准 2011 年 11 月 19 日中央扶贫开发工作会议上，中央决定将农民人均年纯收入 2 300 元（2010 年不变价）作为新的国家扶贫标准，这个标准比 2009 年提高了 92%。按照这一新标准，我国至少有上亿低收

① 王萍萍. 中国贫困标准与国际贫困标准之比较［J］. 调研世界，2007（1）：5 - 8.
② 王萍萍. 中国贫困标准与国际贫困标准之比较［J］. 中国国情国力，2006（9）.

入人口将享受到国家的扶贫优惠政策[①]。

时任国家统计局城乡住户调查办公室主任王萍萍在《中国农村贫困检测报告2015》中撰文解释了目前我国农村贫困标准的含义。"2014年，在有基本住房的情况下，每人每年2 800元（2010年不变价2 300元）的农村贫困标准中，实际食品支出比重（即恩格尔系数）为53.5%，相当于人均每天食品消费支出4.1元；若将每天一斤[②]米面（商品粮）、1斤菜、1两[③]肉或1个鸡蛋当作每人基本食品需求，根据农村居民出售和购买产品综合平均价格，需要开支3.925元（表3－5）。4.1元约为3.925元的1.05倍。因此，在2014年，农村贫困标准中食品支出可满足健康生存需要的热量和蛋白质需求。"[④]

表3－5　中国1985年和2014年农村居民基本食品消费支出需求

项　　目		1985年消费支出需求	2014年消费支出需求
综合平均价（元/千克）	粮食（原粮）	0.43	2.48
	蔬菜	0.20	2.96
	猪肉	3.44	18.39
	蛋类	2.52	9.53
基本食品消费所需支出（元）	每天1斤商品粮	0.288	1.653
	每天1斤蔬菜	0.098	1.478
	每天半两肉	0.086	0.460
	每天半个鸡蛋	0.088	0.334
	合计	0.560	3.925

注：综合平均价是农村住户调查中农户出售和购买价格的简单平均。

资料来源：王小林. 贫困测量：理论与方法［M］. 北京：社会科学文献出版社，2017.

（二）多维贫困指数

1. 什么是多维贫困　国际组织习惯用单一维度测量贫困，如前面提到的用收入或消费指标来测量贫困。当人们没有足够的货币来满足他们的基本需要时，他们就属于贫困人口。然而，这种方法却与贫困人的感受相差甚远。如有些贫困人口可能不仅没有储蓄，而且他们的受教育权利、市场准入权等多种权利可能被剥夺，因此贫困人口的贫困绝不仅仅是物质的贫困，也就是说他们的贫困并不是单一维度的，而是多维度的。

---

① 一千二百四十万人去年脱贫［EB/OL］.（2017－03－02）［2018－04－20］. http://www.cpad.gov.cn/art/2017/3/2/art_1784_60018.html.

② 斤为非法定计量单位，1斤＝0.5千克。——编者注

③ 两为非法定计量单位，1两＝50克。——编者注

④ 王小林. 贫困测量：理论与方法［M］. 北京：社会科学文献出版社，2017：37.

多维贫困源于阿马蒂亚·森的能力方法理论，是指穷人遭受的剥夺是多方面的，例如健康较差、缺乏教育、不充足的生活标准、缺乏收入、缺乏赋权、恶劣的工作条件及来自暴力的威胁等。然而阿马蒂亚·森的能力方法论提出后，受到了许多学者的质疑，他们认为该理论过于抽象，无法具体应用于实际，而且也无法具体测量多维贫困。

然而，当前各国基于家庭的统计调查数据，为多维贫困测量提供了基础，并使之成为可能。总的来说，多维贫困指数（MPI）可以分为两类：一类是用于全球多维贫困测量及国别比较的全球多维贫困指数，称为 MPI 或 G‐MPI；另一类是用于测量某一个国家的国家多维贫困指数，称为 C‐MPI。

2. 为什么要测量多维贫困　传统上，国际组织和世界各国常常用单一维度来测量贫困，如前面所讲的收入贫困，用"一篮子"方式确定人们维持生存基本需求的商品与服务，之后按照当前的价格折算成货币，来确定贫困线。也就是说，在人们没有足够的货币来满足他们的基本需要时，他们就会被确定为贫困人口。然而，这种方法虽然可以提供许多有用的信息，可是却与贫困人口自己的感受相差很大。因为，贫困人口被剥夺的内容是多方面的，并不仅仅是收入或消费。如阿马蒂亚·森提出的能力方法理论认为，贫困是对人的基本可行能力的剥夺，减贫就是要扩展人有理由珍视的真实自由。而基本可行能力包括公平的获得教育、健康、饮用水、住房、卫生设施、市场准入等多个方面。

回顾已有的理论研究可以发现，测量多维贫困的原因主要是以下几点。第一，穷人被剥夺并不是单纯的一个方面，而是多方面的，并且每个方面都很重要。第二，单一维度的贫困测量与多维度的贫困测量结果相差甚远。例如，有些人可能在健康、教育方面贫困，但他们并不是收入贫困人口。第三，测量多维贫困，可以使政府发现急需帮助的领域，从而确定优先干预的领域。第四，测量多维贫困，是对收入贫困的补充，而非代替。也就是说，测量收入贫困，实际上仅仅测量了"贫"，而测量多维贫困，则可以测量出"困"。

3. 多维贫困指数的优缺点　通过对前人研究的总结可以发现，测量多维贫困指数有许多优点，当然不可避免地也存在一些缺点，现总结如下。

第一，多维贫困指数是对收入贫困测量的重要补充，它可以更详细地反映贫困人口受剥夺的情况。

第二，测量多维贫困指数，可以更深入地了解穷人的环境剥夺状况。因为，多维贫困指数包括了做饭用的燃料、饮用水和卫生设施 3 个指标，而这 3 个指标则可以反映出穷人的环境剥夺状况，实际上，大多数的贫困人口，不仅仅遭受 1 种环境剥夺，大部分受着 2 种以上的环境剥夺。

第三，多维贫困指数是以现有的家庭统计调查为基础的，它包括了许多的指标，然而在测量人的可行能力扩展方面，有许多数据是不容易获得的，因此对其测量还存在一定的困难。

第四，多维贫困指数要依赖于各国的统计数据，然而有些国家的数据相当陈旧，不能反映当前的贫困状况，因而使得多维贫困指数很难反映当前情况。

(三) 小结

随着社会的发展，人类对贫困的认识也在不断地深入和完善，同时，对贫困的测量也趋于成熟。总的来说，关于贫困的标准主要是收入/消费标准和多维贫困指数。

收入/消费标准可以从货币的角度来考察贫困人口的经济状况，而且简单易懂，容易实施；多维贫困指数则更全面地反映了贫困人口各方面的状况，从多个维度来鉴定贫困，同时用更多的变量来反映人们的生活状况。多维贫困指数，弥补了以往贫困测量的不足，是人类在贫困测量过程中的实质性的飞跃，它能够更精确地反映贫困状况，同时也能确定反贫困干预的优先领域。

二、贫困的测度

深入推进扶贫开发，做好新阶段的扶贫开发工作，对构建社会主义和谐社会有着重大而深远的意义。科学客观的贫困测度是做好新阶段扶贫开发工作的基础。然而，目前贫困测度依然是我国扶贫工作中的一个薄弱环节，主要原因是我国关于贫困测度的理论研究不足，且相关数据的获得相对困难。本节将主要介绍一下贫困测度的方法、如何获得相关数据及贫困的缺失维度。

(一) 收入贫困测量

贫困 (Poverty) 在英文中通常被定义为满足个体或家庭基本需要 (Basic needs) 的福祉被剥夺的现象[①]。所以，贫困就自然的转化为为了满足基本需要的收入的测量。基本需要分为食物与非食物 2 类。食物需要主要指为了满足充足的营养的食物，一般按照一天摄入 8 786 千焦热量计算，然后按照市场价格折算成事物贫困线；另外一部分是衣服、住房等非食物的基本需要。这样，收入贫困线就可以很好地计算贫困的货币方面。

据相关统计数据显示，1989 年我国收入分配还相对公平，因此相对贫困率较低，城市相对贫困率为 1.8%，农村相对贫困率为 3.0%。而城市的相对贫困率在 2004 年达到最高值，为 13.6%；农村的相对贫困率在 2006 年达到最高值，为 19.1%。其主要原因是，在 2004 年之后，国家不断完善了城镇职工与城市居

---

① 世界银行. 世界发展报告：消除贫困 [J]. 世界银行，2000 (21).

民的社会保障体系；2006 年之后，政府对农村的新型合作医疗制度和最低生活保障制度给予更多的关注，扩大了覆盖面，改善了收入分配。而且，2006 年之后，国家高度关注贫困地区的扶贫开发，这也促进了缩小相对贫困。

（二）多维贫困测量

国家多维贫困指数可以根据一国经济社会发展的阶段，以及减贫战略和政策关注的重点确定贫困的维度、指数、权重等[①]。在此，将简要说明如何测量多维贫困。

1. **多维贫困指数（MPI）** 多维贫困指数是用来测量极度贫困的综合指数。极度贫困有 2 个显著特征：一是贫困人口没有达到国际公认的基本能力指标的最低标准，例如没有获得充足的营养；二是贫困人口在几个方面同时达不到国际公认的最低标准，例如一个人既营养不良又没有清洁的饮用水。

贫困发生率和贫困强度是多维贫困指数的重要组成部分，同时也有助于制定法贫困政策。例如，A 区和 B 区的多维贫困发生率均为 30％，但 A 区的贫困强度是在健康、教育和生活标准这 3 个维度中平均受三分之一维度的剥夺；B 区的贫困强度是在 3 个维度中平均受二分之一维度的剥夺。那么可以发现，B 区的人们比 A 区的人们更贫困，因此在制定政策时，应更多地偏向 B 区。

2. **维度和指标的确定** 全球 MPI 共包括 3 个维度，分别是健康、教育和生活标准。其中，健康维度包括 2 个指标，即营养和儿童死亡率；教育维度也包括 2 个指标，即受教育年限和入学儿童；生活标准维度则包含 6 个指标，分别是做饭使用燃料、厕所、饮用水、电、屋内地面和耐用消费品（见表 3-6）。这 3 个维度 10 个指标可以精确地反映贫困家庭中所遭受的被剥夺维度的情况。

表 3-6 **全球多维贫困指数（MPI）的维度和指标**

指 数	维 度	指 标
多维贫困指数（MPI）	健康	营养 儿童死亡率
	教育	受教育年限 入学儿童
	生活标准	做饭用燃料 厕所 饮用水 电 屋内地面 耐用消费品

---

① 王小林，Alike S. 中国多维贫困测量：估计和政策含义 [J]. 中国农村经济，2009（12）．

3. MPI 的测量 在多维贫困测量中，需要首先确定每个维度的剥夺情况，之后进行加总，最后得到多维贫困指数（MPI）。

测算每个维度的剥夺情况，需要首先测算构成该维度的指标的剥夺情况。而每个指标的剥夺情况，则需要先确定一个贫困线。对于每一个指标，如果观察值低于该指标的贫困线，则认为这一指标贫困或被剥夺。例如，假定受教育年限的值是 6 年，如果一个人的受教育年限的观察值是 5 年，那么就认为其受教育年限被剥夺。

另外，在加总的过程中，需要确定每个维度及指标的权重。当前，在 MPI 的计算中，每个维度都被赋予了相同的权重，而且在每个维度内部，每个指标被赋予的权重也都相等。然而，这样的赋权方法受到了一些学者的质疑，他们认为，将每个指标赋予相同的权重，这样的做法未免太武断了。如在有关儿童多维贫困的研究中，学者们主要从儿童生存、儿童健康、儿童保护、儿童发展、儿童参与等几个维度展开相关调查，并赋予其不同的权重，从而提出帮助儿童有效摆脱贫困的相关政策建议。

（三）贫困度量的家计调查

家计调查是进行贫困度量的重要的数据来源，因为它可以直接显示，社会中生活标准的具体分配状况。例如，通过家计调查获得的数据，可以了解到有多少家庭没有达到最低消费水平。然而，家计调查的一个缺点就是，必须要投入很多的时间及经历来获得相关数据并解释这些数据。

以下为有关家计调查的种类，主要有 4 种。

1. 样本结构 家计调查可能体现了一个国家的人口，也可能体现了某一更小范围的人口，如某一地区的居民。要确定一个调查的样本结构，取决于调查的目的及希望从中得到怎样的结论。

2. 观察单位 观察单位可能是家庭本身，也可能是家庭中的个体。一般而言，大多数家计调查包含了家庭内部个体的某些数据，虽然它很少包括家庭成员个人的消费，但家庭成员个人的消费往往包含于家庭的消费水平之中。

3. 跨时期调查的数量 是对基于一两次采访调查所收集的资料进行分析，是典型的分析方法，而且具有普遍性。目前，各国普遍采用这样的收集资料的方式，也就是对同一家庭经过某一拓展期后再次进行调查。然而，这一调查方法也存在一定的劣势，即这些调查，由于其中的某些原因很少在一个国家里有较大的覆盖面，因为这些数据的收集代价十分昂贵，而且随着时间的推移，起初的样本可能越来越不具备代表性。在 LSMS（拉斯马尔斯）的调查中，已经开始采用一种经过改进的纵向样本形式。按照这种方法，每个样本中有一半在翌年重新进行调查，这在保留了某些原有优点的同时节省了两次收集数据的成本。

4. **主要生活标准指标收集**　在实践中，应用最广泛的就是前面所提到的收入/消费标准，也就是以家庭消费支出和家庭收入为基础的数据，当然随着人类认识的不断深入，人们也开始逐渐关注多维贫困指标。

综上可以发现，贫困分析中，最普通的调查方法可能就是对具有全国代表性的数据进行单一分析，同时以家庭作为调查单位，当然既包括收入数据也包括消费数据。与其他方式相比，这样的调查方式使得成本更低，所以可以比纵向或是仅以个体为基础的调查获得更大的样本。一般而言，大样本的家庭水平的数据在估计某一人口参数时，有更高的精确度，如人均消费水平。当然，它在估计其他变量时也可能丧失精确度。因此，不能简单地认为，大样本的家庭消费调查相对于其他方法而言，在所有问题上都是更为有效的。

（四）贫困的缺失维度

贫困的缺失维度是指因为缺乏高质量的国际可比的数据而没有被多维度贫困度量所涵盖的方面。其实，这些维度具有其内在性的价值，并且对于促进已经被涵盖的维度也具有重要的工具性的价值，忽视它们，很可能会阻碍或是减缓其他方面有关贫困的消除。相关学者已对此有了一定的研究，而且这些维度有的在其他领域已得到了很好的研究，可以被利用和借鉴。下面简要地介绍一下这3个维度，它们分别是就业、主体性和赋权、人类安全。

1. **就业**　其实，就业并不是一个有关福利的新维度，但它真实的重要性在人类发展及减贫政策中，或许没有被充分地考虑。对于大多数家庭来说，就业是其收入的主要来源。虽然人们对于贫困的认识不断深化，但一般来说，一份体面且工资颇高的工作常常不会与贫困联系在一起，另外就业也会使人感到自尊与满足。就业，对于个体而言，其重要性是显而易见的，然而现有的就业数据往往只从收入角度出发，而忽视了穷人就业的种类及其潜在意义。

就业，需要重点关注就业的质量，学者经过研究提出了5个全球水平的就业指标来弥补现有数据的缺陷，包括非正式就业、自我雇佣带来的收入、职业安全和健康、就业不足和过度就业。前3个是关于就业质量，后2个是关于就业数量。

2. **主体性和赋权**　主体性被定义为："一个人在追求他认为重要的目的或价值的过程中，可以自由地去做或实现的事情"，也可以被更简单地定义为："既可以行动又可以做出改变的人。"主体性的反面是被压迫、被动的状态。赋权，是对主体性的扩展。主体性和赋权对贫困社会有重要的内在价值和实用价值。

基于大量的实证研究，有学者提出了一个衡量个体或集体主体性的简短指标清单。他们使用"做决定"这个问题来确定人们对控制的感受,即在家庭生活的不同领域由谁来做决定,以及回答该问题的被访问者在回答此问题时是否有能力做这个决定。

3. **人类安全** 在后冷战时代,人类安全最大的威胁之一不再是国家之家军事力量的冲突,而是由一国边境内部个体、团体及国家行动者所造成的暴力。暴力极大地阻碍了社会的发展,使得在教育、就业、基础设施供给方面所取得的成果损毁,此外暴力还使人们的安全受到威胁,使得社会出现贫困陷阱。

但是,暴力并不是不可避免的。社会上,不同种族、不同信仰的人之间依然可以和平共处。此外,许多研究表明,贫困与暴力存在一种互为因果的关系,在低收入的国家,情况可能会更糟。所以,要将暴力作为衡量贫困的一个维度,不仅仅是因为暴力是造成贫穷的一个原因,同时也是因为暴力可能会恶化贫穷的其他方面。

(五) 小结

贫困是人类有史以来,面临的最大的社会问题之一。它是一个复杂而又综合的社会现象,广泛地涉及政治、经济与社会学等领域。随着社会的不断发展,人们对贫困的认识,不断加深。了解贫困的测度,对扶贫政策的制定具有一定的指导和导向作用。希望扶贫政策可以更多地考虑这些维度,从而能够更好地为消除贫困、增进人们的福利而努力。

三、贫困的识别

贫困不仅影响社会公平,还影响社会的和谐与稳定,同时也不利于经济的发展,减少或消除贫困是人类社会发展的基本要求之一。贫困治理是人类的共同使命,同时也是当今世界面临的严峻挑战。

贫困治理的首要问题是贫困识别,要识别"谁是贫困者",才能治理贫困、缓解贫困,甚至达到消除贫困的理想境界。贫困识别,是认识贫困对象、了解贫困程度、把握贫困状况的基础,只有有效识别了贫困,才能更好地提出应对贫困、解决贫困的有效措施。关于贫困识别,本节将主要分 3 个部分具体论述,分别为贫困识别视角、贫困识别方式和贫困识别方法。

(一) 贫困识别视角

西方学者认为,贫困主要包括物质生活、精神生活和政治生活 3 个方面,人们的最低需求除了满足基本的生理需求、衣物、住所和最低营养需求之外,还包括基本服务、就业等需求，他们主要关注人的生存与发展；我国学者则认为贫困主要是衣食住行等物质生活的困难。其实，贫困既有相对贫困，也有绝对贫困，主要在于人们更关注哪一方面。

贫困是人类一直关注并亟待解决的主要问题，随着经济社会的发展，人们在各阶段对贫困的认识也有所不同。学者主要从以下几个视角来理解贫困。

1. 生物学视角 学者认为贫困线的确定是以生存或工作所需要的生物学的思想为基础确定的。家庭处于基本贫困是指总收入不足以获得维持体能所需要的最低数量的生活必需品；贫困是贫困人口创造收入能力和机会的贫困，贫困意味着贫困人口缺少获取和享有正常生活的能力。根据德国"世界饥饿援助组织"2014年公布的《2013年全球各国饥饿指数排名报告》数据，目前世界范围内有8.42亿人缺乏食物，56个国家食物短缺现象严重。

2. 不平等视角 当人们没有足够的资源去获得社会公认的食物、舒适的生活条件和社会活动的机会时，就被认为是贫困者。贫困问题的实质是不平等问题。疾病、人力资本不足、社会保障系统的软弱无力、社会歧视等都是造成人们收入能力丧失不可忽视的因素。贫困人口之所以贫困，主要是因为他们获取收入的能力被剥夺，以及机会的不平等。

3. 相对贫困视角 相对贫困是指收入相对低于全国家庭收入的平均数的状态。相对贫困是较为主观的标准，建立在将穷人的生活水平与其他较为不贫困的社会成员的生活水平相比较的基础上，通常包括对社会总体水平的测度。相对贫困只是一个相对概念，并不能完全表示贫困，它需要与绝对贫困相结合，才能使人们更准确地认识贫困。有些学者，在相对贫困与绝对贫困之间，提出了基本贫困的概念。绝对贫困是内核，向外扩展第一层次是基本贫困，第二层次是相对贫困。

4. 价值判断视角 贫困是人的一种生存状态，是指家庭因不能合法地获得基本物质生活条件和参与基本社会活动的机会导致的不能维持个人生理和社会文化可以接受的生活水准的状态。贫困可分为2类：一是物质贫困，主要是缺少维持基本生活的资源；二是精神贫困，主要是缺乏维持个人或家庭最低生活水平的能力。贫困是部分社会成员由于缺乏必要资源，而被剥夺正常获得生活资料和参与经济和社会活动的权利，使生活持续性低于社会的常规生活水准。

5. 政策视角 贫困是指个人、家庭和群体的资源有限（物质、文化和社会资源），以致被排除在可以接受的最低限度生活方式之外。政策视角着重强调了公共政策的作用，同时为贫困治理政策的制定提供了方向。

综合以上学者的观点，贫困是在特定环境中，人们在较长时期内，没有能力获得足够的劳动收入，以维持其最低生活水平的一种状态。贫困是一个动态的概念，贫困识别也随着经济、社会、文化的不同，而不断发生改变；同时，贫困识别要从多个维度进行识别，而不能仅仅只关注经济这一维度。

（二）贫困识别方式

做好精准扶贫工作，精准识别是基础。将精准识别贫困户、贫困村工作作为近期安排部署的重大工作任务，以进一步识别、确认贫困村、贫困户，摸清摸准贫困村、贫困户的致贫原因，实施精准帮扶，确保实现到 2020 年贫困村脱帽、贫困户脱贫，与全面建成小康社会的目标。所谓贫困识别，即认识和判断贫困，想要准确地识别贫困，就要有科学而有效的方法。确定贫困识别方式，有助于准确识别贫困。贫困识别的方式，主要有贫困线识别法、消费量识别法和主观贫困识别法。

1. **贫困线识别法**　贫困线识别法是一种比较普遍的识别贫困的方法，受到大家的青睐。贫困线识别法，首先要确定贫困线，然后以收入为核心，将收入与贫困线进行比较，最后确定是否贫困。贫困线识别法以收入为衡量尺度，以贫困线作为评价标准，这样的识别方法便于大家理解的同时也容易操作，因此得到广泛使用。然而，事物都是有两面性的，贫困识别法也有一定的缺陷。贫困线识别法仅仅从收入这一维度来衡量是否贫困，往往不能精确地识别贫困，使一大部分贫困人口被排除在外，同时这一方法也忽视了贫困识别的公平性，其公平程度让人怀疑。

贫困线的确定，要考虑诸多因素。贫困线的影响因素主要有以下几个。

测量单位：建立贫困线的测量单位有个人、核心家庭和住户 3 类。一般而言，各国在制定贫困线时，常常采用住户这一测量单位。

指标选择：建立贫困线常用的指标有可支配收入、消费支出、福利、热量等。在建立贫困线时，各指标的选择各有利弊，人们常常使用可支配收入和家庭消费开支。

家庭规模和结构：总的来说，在确定贫困线时，一般先确定一类标准家庭，确定其规模和结构，然后选择不同的家庭对标准家庭进行系数调整，最后形成可比较的收入。

时间跨度：在确定贫困线时，需要考虑时间跨度。常用的时间单位是周、月和年。一般而言，时间间隔越短，就越能反映出贫困的状况。

区域差异：自然、经济、社会和文化会对不同区域的"最低需求"产生一定的影响，从而也会影响到贫困线的制定。区域对贫困线的制定，最明显的就是农村和城镇的区别。

价格指数：贫困线通常在一段时期内，是比较固定的。由于社会的发展，物品价格的不断变化，也要对贫困线进行相应的调整。一般情况下，人们会采用价格指数来调整贫困线。

由此可见，在制定贫困线时，需要全方位地考虑多种因素，才有可能制定出比较精准的贫困线，从而准确地进行贫困识别。

2. 消费量识别法　消费量识别法与贫困线识别法存在显著的差异，二者关注的核心是不同的。贫困线识别法关注的核心是人们的收入，而消费量识别法关注的核心是人们的消费。消费量识别法主要是通过将全部商品和服务的名义总支出除以生活费用指数及等价值数，从而得出每个等价成人的真实消费量。有关专家认为，从消费的角度而非收入的角度，可以更准确地进行货币度量，而且消费量识别法也考虑到了家庭结构的差异，注意到了消费的人际差别。但是，消费量识别法仍有一定的缺陷。例如，消费量识别法也要首先确定消费"底线"，然而目前这一方法没有得到广泛应用，因此消费"底线"并没有一个统一的标准；另外，消费比收入更难获得，虽然从理论上来说，从消费层面分析贫困比从收入层面分析贫困更具合理性，然而在现实操作中，这种方法的可行性却比较低，很难具体运用。所以，到目前为止，消费量识别法还仅仅停留在理论层面，并没有被广泛运用于实际。

3. 主观贫困识别法　主观贫困法，更强调生存的意义，强调它的决定因素和满意程度。主观贫困法的一种观点是："贫困线本质上是指人们做出的关于某一特定社会中，由社会所接受的最低生活标准构成的主观判断"。实际上，主观贫困识别法考虑到了个体的主观意见，可以说是贫困领域的一次重大飞跃。然而，对于到什么程度才能确定为贫困，每个人都有不同的主观感受，当然也会引发人们对其政策相关问题的质疑，另外主观贫困识别法会使对贫困的研究更加复杂和困难。因此，主观贫困识别法也仅仅应用于理论层面，并没有运用到实际操作中。

综上发现，虽然关于贫困识别的方式有很多，然而大多在理论层面可行，往往很难应用于实际。而贫困线识别法虽有一定的缺陷，但也有其他方式所无法比拟的优势，且可以用于实际操作中。希望随着人类对贫困认识的不断深入，可以探索出更多的贫困识别方式，从而为贫困治理打下坚实的基础。

（三）贫困识别方法

精准扶贫是否精准，关键在于扶贫对象是否精准。所以，在脱贫工作中，精准确定扶贫对象就十分重要，而贫困识别方法则是这一工作的关键。以下内容将围绕贫困识别的程序和相关方法展开。

1. 贫困户识别"六步法"　贫困户识别是扶贫开发工作的关键，要经历6个步骤。

第一步：规模分解。根据本市农村人口数量和国家标准贫困发生率为3.5%进行规模分解。各镇、街、区先确定本辖区的规模，之后将贫困人口的规模分解到各行政村，最后市、镇组织展开业务培训，将贫困户识别的任务目标、要求、方法等作为培训的重点内容。其中，培训应以镇和村两级为重点。保证每个镇、街、区有一支工作队伍、每个村都有帮扶责任人，保障识别工作的有序进行。

第二步：农户申请。要将与贫困识别相关的政策宣传到每个行政村和每个农户，确保人民的知情权。要积极发动组织农户自愿申请，以户为单位，使得所有符合条件的贫困户纳入识别范围。

第三步：入户调查。在农户提出申请后，各镇、街、区干部要和村委会共同展开入户调查，填写贫困户登记表，核实相关情况，将不符条件的申请者进行剔除，从而筛选出贫困户的初选名单。

第四步：民主评议。对贫困户的初选名单，行政村要召开村民代表会议进行民主评议。民主评议需要有详细的会议记录，如时间地点、参与人员、发言记录和评选过程等；民主评议参与人员，在1 000人以下的村，由20～30人组成，在1 000人以上的村不得低于30人；人员组成上，应包括村干部、党员、妇女等代表，一般村民代表的比例不低于50%，党员代表的比例不低于20%，妇女代表的比例不低于10%。最后，要根据评议的结果，由村两委集体研究，由村党支部书记、村委会主任及驻村第一书记核实签字之后，确定出贫困户入选的名单。

第五步：公示公告。要将入选名单在贫困户所在的行政村进行第一次公示，公示期为7天；经公示无异议后，报所在地镇、街、区人民政府审核，确定出全镇、街、区的贫困户名单，并在各行政村进行第二次公示，公示期为7天；第二次公示无异议后，各镇、街、区经汇总后报市扶贫办审核，审核后进行公示，公示期为5天。

第六步：建档立卡。由各镇、街、区人民政府组织村委会、驻村工作队和帮扶单位，对已经确定的贫困户信息全部录入全国扶贫开发建档立卡信息管理系统，做到"村有册、镇有簿、市有档"。

2. 因地制宜，巧排入户时间　进入农户中走访调查，要考虑到各村村民的务农时间，扶贫人员要巧打时间差，如早上7～9时趁农户还未出门干活时，中午吃饭时间，晚上7～10时，及时抓住农户在家的时间，精准高效地推进识别工作。

3. 摸清底数，巧制调查方式　为了全面掌握农户基本情况，要巧妙制定调查方式，以"四见"为基本依据。一是争取见到其本人，由本人亲口向调查人员述说家庭的基本情况；二是争取见到邻居，向邻居打听该农户家庭的相关情况，如该农户家庭成员的就业、读书、健康等状况；三是争取见到实物，调查人员进农户家中要走完各个房间，家电、车辆等要看到实物，了解其新旧程度，对种植业和养殖业要尽量亲眼看到，了解其规模；四是争取见到相关证件，对户口本、残疾证、土地证及相关信息凭证等证件，要让农户出示，从而确保信息的真实性。

4. **宣传发动，巧聚党员力量**　应该充分发挥党员的力量，以各个贫困村为单位，组织本村党员结合当前正在展开的精准扶贫工作进行宣传动员和引导，充分发挥农村政策"宣传员"、公共事务"服务员"、矛盾纠纷"调解员"、产业发展"联络员"和村务公开"监督员"的作用，架起联系群众的桥梁，集中力量高效服务群众，助力贫困识别工作。

综上，可以发现，贫困识别有一定的步骤程序，同时也要巧妙运用各种方法，以确保对贫困户的精准识别，从而推动精准扶贫工作的有序进行。

（四）小结

贫困测量首先要进行贫困识别。本节介绍了贫困识别的视角、贫困识别方式、贫困识别方法等相关内容。希望本节内容，可以对贫困识别的具体操作产生积极的作用，从而使人们可以精准识别贫困，有效制定减贫政策，为实现共同富裕打下坚实基础。

第四章 贫困分析的维度

  贫困是集经济性、动态性、历史性、地域性和社会性等属性为一体的概念，其分析维度经历了由单一维度向多维度的发展过程，即由收入贫困拓展到收入、能力、权利、福利以及心理感知等多方面的贫困。早期的贫困分析大多从经济意义上理解，即物质生活资料匮乏，强调物质和收入的绝对数量，它以收入和消费为主要关注的指标，与人类基本生存要素的不足有关。贫困是收入和消费处于贫困线以下的个人和家庭，难以维持其基本生存需要的一种生活状态。20 世纪 70 年代以来，随着人们对于社会福利的关注从原来的单一收入维度拓展到了包括社会、环境以及人权各个方面，人们对于贫困的关注，也开始从传统的基于收入的维度拓展到了多个维度[①]。多维贫困的核心观点是，人的贫困不仅仅是收入的贫困，也包括饮用水、道路、卫生设施等其他客观指标的贫困和对福利主观感受的贫困[②]，它是一种基于复杂关系网络的多元建构。尽管现代社会历史性地把贫困建构为一个经济性的存在，但当人们从能力、文化、权利乃至自由、平等、价值建构等不同的侧面来理解时，已经表明贫困绝非是一个单一的经济性事实，而是关联到文化价值观、社会结构、政治权利以及不同的人或群体所接受到的关系和位置的社会性配置的一个总体性存在。

一、经济增长与扶贫

  从多维贫困的视角来看，要实现贫困人口的减贫和发展，也不应局限于单一的维度，而是要从多维视角去分析与介入。经济增长是分析扶贫的第一个维度，也是最基础的一个维度。一般来说，扶贫是与贫困地区经济财富的增加，

---

  ① Alkire S. The Missing Dimensions of Poverty Data：Introduction to the Special Issue [J]. Oxford Development Studies，2007，35（4）：347 - 59.

  ② 王小林，Alkire S. 中国多维贫困测量：估计和政策含义 [J]. 中国农村经济，2009（12）．

贫困人口生存发展资源的丰富紧密联系在一起的，贫困地区的经济增长是减缓贫困的主要手段之一。

（一）经济增长分析维度的理论溯源

经济增长作为扶贫的分析维度，首先基于发展经济学家对发展中国家贫困根源的探索和贫困问题的表述。20世纪50年代，发展经济学的主要任务就是集中探讨发展中国家贫困的原因和摆脱贫困的出路。发展战略贫困理论的重要结论之一是经济发展缓慢或停滞不前、人均收入水平低下的根源在于缺乏资本和投资①。在发展主义学说的理论文本中，经济发展具有决定性的地位，经济发展将会带来社会进步，诸如贫困这样的社会问题将通过发展得到一揽子的解决。实际上，发展主义是一种意识形态，一种认为经济增长是社会进步先决条件的信念，对贫困的思考，始终从属于经济发展的支配性话语。在扶贫的早期实践中，其目标始终被设定在让更多劳动稳定地融入资本主义体系，减贫是为了经济发展，而经济发展又被期待去提高减贫的效率。

传统发展主义学说塑造了第三世界国家贫困与落后的形象，并试图通过现代化方案解决贫困问题，认为只要经济发展了，贫困问题将自然而然得到克服。从操作层面上，强调对于贫困地区和贫困群体的发展干预，如发展援助项目，但这样的减贫显得既虚有其表，又不得要领，贫困问题始终是痼疾，并且不断呈现出新的样态。传统发展主义视科学主义为教条，认为落后地区被视为蒙昧的、缺乏科学的，发达地区则享有了加冕科学桂冠的特权。因此，一些缺乏对本土情境深度认知的科学，在欠发达地区大规模推广，最终导致了不可逆转的社会损伤和生态灾变，这些地区贫困人口的生存与发展基础被破坏殆尽。按照上述发展主义的逻辑，贫困地区的减贫被界定为要实现所谓的现代化。发达世界为欠发达世界提供了种种经过线性化处理的发展蓝图，认为欠发达国家可以通过模仿发达国家走过的道路，最终实现繁荣②。

传统发展主义对经济增长与扶贫关系的观点，在实践中受到了挑战，后期产生了新发展主义思想，新发展主义是与后现代的思想相伴产生的，在新发展主义的知识语境中，发展的模式是多元的而非一元的，发展不仅意味着可测度的经济社会指标，更强调通过不断的社会创新来改善贫困群体的生存环境，提升贫困群体的能力，扶贫需要在具体的时空情境和文化领域中来理解。在新发展主义的基础上，学界提出了"益贫式"发展理念，肯定贫困人口参与发展并根据自身的贡献而获取收益的权利。它强调对贫困群体进行增能和赋权，一方

① 赵曦. 人力资本理论与反贫困问题研究［J］. 改革与战略，1997（4）.
② 向德平，黄承伟. 减贫与发展［M］. 北京：社会科学文献出版社，2016.

面提升贫困人口参与到经济发展中的能力，另一方面赋予其发展的主体性地位，鼓励其通过自身的努力实现脱贫目标。

（二）经济增长与扶贫的关系

关于经济增长与扶贫的关系，主要有2种观点，一种观点认为经济增长在减少贫困中具有决定性作用，经济增长会给包括穷人在内的所有人都带来好处，反贫困政策的中心也在于经济增长。新古典经济学强调在边际产出递减规律下，经济增长对低收入群体存在"涓滴效应"，经济增长最终能够有效弥合各收入群体之间的收入差距。这类观点强调要削减贫困，只有通过创建有利于经济增长的环境与创新经济增长方式才能实现，经济发展方式能够改变贫困陷阱存在的理性预期，为贫困减缓提供结构性动力来源。通过资本积累实现的经济增长利益将对穷人起"涓滴"作用，即使在没有任何推进和确保减少贫困这一目标的特定手段和措施的情况下，经济增长也会提升国内经济活动，为贫困者创造更多的就业机会，为针对穷人的转移支付提供足够资金，会对贫困减少起到重要的作用[①]。

从我国的减贫发展历程来看，经济增长对扶贫工作的推动作用也是显而易见的。1978年开始的农村经济改革，推动了农村经济的巨大增长。但是，这种经济增长与减贫速度一致的趋势并未能持续下去。在这以后，农村经济仍然保持良好的发展势头，但脱贫的速度有些迟缓，东、中、西部地区以及贫困和非贫困地区的经济差距逐渐加大，经济增长带来的收入分配不均在一定程度上也削弱了其减贫能力。目前，在我国宏观经济进入新常态的背景之下，一般性经济增长带动贫困人口的增收存在困难；地方财政收入增速放缓，地方财政扶贫投入大幅度增加也存在困难，所以要妥善处理好经济增长与扶贫开发的关系。

经济增长与扶贫关系的另外一种观点认为，经济增长并不一定能提高扶贫效率。这类观点认为，在经济增长过程之中，某些因素可能堵塞增长的"涓滴效应"渠道。经济增长对穷人的"涓滴效应"是不能自动发生的，它受到一系列条件和环境的影响，包括经济环境、自然条件、文化风俗习惯、制度安排等。例如，如果收入分配不平等按比例恶化，它将抵消经济增长，绝对贫困将不会减少。同样，如果人口增长率高于经济增长率，即使收入分配平等化也不可能改善绝对贫困。当这些因素负向地影响穷人的经济行为时，它们就会堵塞涓滴作用发生的渠道，因而使得经济增长的"涓滴效应"无法达到穷人那里。因此，如何实现公平的经济增长是当前我国经济发展首先必须考虑的战略性问

---

① 李石新. 经济增长的贫困变动效应文献综述 [J]. 当代经济研究，2008（2）.

题。我国自 1986 年开始出台了一系列有针对性的反贫困战略、政策和措施，注重把区域经济开发与减缓贫困直接结合起来，并注意采用多维度的经济扶持策略，培育贫困人群的内生动力，把不同地区居民收入分配差距控制在一定的合理范围之内。

（三）协调经济增长与扶贫关系的路径

从经济增长与扶贫的关系来看，贫困问题的最终解决依赖于经济的长期性、稳定性与科学性增长，科学稳定的经济增长能够降低地区之间收入的差距，降低失业率，解决贫困问题。美国经济学家阿瑟·奥肯提出了解决贫困问题的著名的原则方案，"在平等中注入某些合理性，在效率中注入某些人性"，也就是理性科学地设置经济增长的方式，提升贫困人口的收入水平，改善贫困人口的生活环境。当前，我国的经济发展，已经进入新常态，保持经济中高速增长，迈向中高端水平，迫切要求培育新的经济增长点，拓展经济发展新空间。

贫困地区具有丰富的自然资源、土地资源和劳动力资源，促进贫困地区加快发展，可以形成新的经济增长极。在经济发展进入新常态的宏观背景之下，充分利用贫困地区的已有资源，加强贫困地区的基础设施和公共服务建设，促进贫困群众持续增收，有利于扩大有效投资需求，带动产业结构的优化升级，增强经济发展后劲。当然，经济的长期稳定增长也不能单一追求经济的增长速度，要以科学的增长观为指导，以收入分配改善为目标，把收入差距控制在一定的合理范围之内，从根本上解决贫困问题。贫困地区情况千差万别，贫困人口致贫原因各不相同，解决贫困的方法也存在异质性，从这个角度来看，贫困问题归根结底也是一个结构性问题。精准扶贫领域的结构调整，就是要针对不同贫困地区的区域特征，不同扶贫对象的个体特征，实施精准帮扶，采取不一样的扶贫思路，比如采取易地扶贫搬迁、生态补偿脱贫、产业扶贫、社会保障扶贫等不同方式，推进扶贫效率的提升，满足贫困群体的多样化、异质性需求。

我国当前正在实施经济供给侧结构性改革，侧重于用增量改革促存量调整，在增加投资过程中优化投资结构、产业结构，在经济可持续高速增长的基础上，实现经济可持续发展与人民生活水平不断提高。同时，供给侧结构性改革注重优化投融资结构、产品结构和流通结构，促进资源整合，实现资源优化配置与优化再生，提升产品质量，节省交易成本，提高有效经济总量，不断提高人民生活品质，实现"创新—协调—绿色—开放—共享"的发展[①]。扶贫领域的供给侧结构性改革需要对传统的扶贫产品进行重新规划，优先考虑贫困居

---

① 解学智.脱贫攻坚与供给侧改革［J］.中国金融，2016（22）.

民的异质性需求，改变扶贫资源供需错位的结构性矛盾，找到贫困居民意愿和扶贫资本投入的"最大公约数"，增加"扶贫产品"有效供给和高端供给[①]，有效的提升扶贫效益。

二、社会资本与扶贫

社会资本不是社会上流通的资金，而是指人类在各项活动中产生的社会联系、信任以及行为规范。虽然不像资金投入那样产生直接的经济效益，但是良好的社会资本有利于提升物质资本及人力资本的产出效益，进而在个人、企业、区域乃至国家等不同层面产生经济效益。社会资本是联结各种减贫要素投入的"链条"或"黏合剂"，通过影响各要素的产出效益，进而影响着扶贫工作的效率[②]。

（一）社会资本分析维度的理论溯源

众多的研究者将社会资本确认为继物质资本、人力资本之后的第三种资本形态。微观层面的社会资本概念由帕特南在《使民主运转起来》这本名著中提出。帕特南将社会资本定义为诸如个体和家庭网络这类社会组织以及有关的规范和价值观，并认为社会资本具有创造外部性的属性。中观层面的社会资本由科尔曼提出，科尔曼的定义将社会资本的概念从水平型联盟扩展到了垂直型集团及不同实体（如厂商）之间的行为，将考察对象拓展到群体这个中观层次。宏观层面的定义包括塑造社会结构，促进规范发展的社会环境和政治环境。道格拉斯·诺斯认为制度对经济增长率和经济增长方式具有至关重要的作用，而意识形态对于制度选择发挥着重要的作用，也是影响经济绩效的关键。社会资本的作用机制主要通过结构型社会资本和认知型社会资本来实现。前者通过规则、程序和先例建立起社会网络和确定社会角色，促进分享信息、采取集体行动和制定政策制度；后者是指共享的规范、价值观、信任、态度和信仰[③]。

在劳动力市场分割中，结构性社会资本的分割成为贫困群体或个人从二级市场流入一级市场的主要障碍之一。社会资本具有资本的特性，而资本最重要的特性就是能够产生利益，这种作用机制是通过信息分享、互惠互利的集体行动和制定决策等实现的。从微观层面而言，贫困个体或群体在劳动力市场中所

---

① 张亚明. 供给侧改革助力精准扶贫：困境与出路 [J]. 企业经济，2017（5）.

② 李玉恒，王艳飞，刘彦随. 我国扶贫开发中社会资本作用机理及效应 [J]. 中国科学院刊，2016（3）.

③ 李晓红，龙游宇，雷德宇. 论社会资本对经济发展的影响 [J]. 南昌大学学报（人文社会科学版），2006（1）.

参与的网络绝大部分属于二级市场，该网络中所凝结的稀缺资源较少，贫困个体或群体通过信息分享、互惠互利的集体行动和制定决策等社会资本所获得的收益极低，社会资本所能创造的正外部性较少。而同时，在劳动力市场分割制度的形成与固化过程中，社会资本产生了一定的负外部性。在组织中，社会资本作用机制（信息分享、集体行动等）的良好运行能够减少人们在经济活动中的违约成本和交易成本，提高交易效率和经济运行效率，促进资源有效配置和经济增长。但是这些制度的固化在很大程度上造成了从二级市场向一级市场流动的障碍，这对于穷人的发展十分不利。

当前，我国处于减贫与脱贫重大战略实施的关键时期，贫困户有时不是缺乏发展的能力和意愿，而是缺乏获得物质资本和人力资本的机会，即缺乏必要的社会资本。对于处于弱势地位的农村家庭来说，由于缺乏社会资本存量，限制了他们的社会行动能力，无法借助社会资本获取利益和实现脱贫目标，使其现有境况恶化，让原本就处于贫困状态的家庭更是雪上加霜。随着我国市场经济的迅速推进，传统社会向现代社会的转型，农村市场化程度的逐步提高和农民社会流动的加快，以及传统道德整合作用的衰退和宗族关系的弱化，传统农村差序格局下的社会资本正在不断丧失。由于经济或能力的弱势已不能形成互惠链，弱势群体得不到其他成员的信任，进而造成弱势人群的农村社会网络参与度低[①]。相对强势的富裕人群由于市场化服务的出现对互助需求降低，也同时减少了与其他群体的联系，进而降低了彼此信任度。社会资本的作用体现在可以为贫困家庭提供一种制度上的保障，帮助其实现所需资源，减少获取脱贫机会所需付出的成本[②]。在贫困居民生活保障与创业、就业过程中，社会网络发挥着信息供给、生活保障和信誉保障等方面的重要作用。

（二）社会资本与扶贫的关系

社会资本的缺乏是贫困群体产生的重要原因。人们拥有社会资源的多寡影响着其社会地位，而社会地位控制着社会资源的分配。人都是处于一定的社会关系之中的个体，并且属于不同的社会阶层和社会群体，而各阶层或群体都倾向于为自己的团体谋取更多的利益。贫困则是各社会群体争夺有限的资源导致的结果，那些社会地位较高或在社会关系中处于核心位置的群体往往能够凭借自身的权力、资源优势，优先占有更多有限的社会资源，并使得资源仅在自身群体内分享，而弱势群体则仅占有少量资源甚至缺少社会资源而陷入贫困。

① 周治勇. 社会资本理论视角下的反贫困工作 [J]. 改革与开放，2011（9）.

② 李晓红，龙游宇，雷德宇. 论社会资本对经济发展的影响 [J]. 南昌大学学报（人文社会科学版），2006（1）.

从社会资本的视角来看，人们的社会地位是依据资源的多寡划分的，并且社会地位一旦确立，又会影响人们此后获取资源的能力，尤其是获取和动用那些嵌入到社会关系网络中的资源的能力。社会地位和社会资源的相互影响，造成2个后果，一是形成社会排斥，强势群体排斥弱势群体。二是社会贫富差距进一步拉大。强势群体可以利用社会地位影响政府的行为，穷人却就失去了表达权利的有效途径；穷人与富人之间的关系纽带断裂，使得穷人借助于富人的关系网络获取资源的希望渺茫。社会资本的匮乏会使贫困群体丧失发展和改变贫穷状态的能力以及动力机制。同时，因社会资本缺乏而发生的贫困往往是一种恶性循环机制，它不断地加剧着贫困者的贫困程度，并可能会造成贫困的代际传递。

对于贫困家庭来说，社会资本是嵌入于其日常生产和生活中形成的社会关系、网络和信任中的，由于贫困地区市场发展不完善，市场功能不完整，社会资本在一定程度上弥补了市场功能，并在有些领域发挥了市场所无法起到的作用，如自我监督机制、风险分担、信息共享、互助行为等。社会资本的作用体现在可以为贫困家庭提供一种制度上的保障，帮助其实现所需要资源，减少获取脱贫机会所需付出的成本[①]。

（三）增加贫困人群社会资本的路径

社会资本代表的是个人在社会关系中现实或潜在的资源，是一种嵌入在社会结构中的资源，这些资源的获取和使用取决于行动者的主观能动性，只有当个体意识到资源的存在，并意识到他们拥有或能够获取资源时，他们才能将资源资本化。从社会资本视角出发，可以搭建一种多元协同的扶贫机制，扩大扶贫参与主体，搭建各扶贫主体之间的网络式互动沟通平台[②]。挖掘与拓宽社区社会资本存量，既注重充分发挥社区精英人物的功能，也注意提升包括贫困妇女和年轻人在内的社区其他行动主体的发展能力，促进扶贫工作的内生性与持续性。

在当前的精准扶贫体系之下，可以通过重建社会信任、健全规范供给、扩大关系网络及政府角色换位等途径重构社会资本，为贫困地区的扶贫开发注入新的思维与活力。一方面，需要改变贫困地区社会信任缺失的情况，从多方面着手重建不同扶贫主体之间的社会信任，政府应有意识地退出某些活动领域，为市场组织和社会组织参与精准扶贫让渡一定的空间，通过贫困地区社会力量

① 李玉恒，王艳飞，刘彦随. 我国扶贫开发中社会资本作用机理及效应［J］. 中国科学院院刊，2016（3）.

② 郑志龙. 社会资本与政府反贫困治理策略［J］. 中国人民大学学报，2007（6）.

的整合，明确社会参与扶贫的重点与导向，科学指导社会资金和扶贫资源投向最需要的地方，以精准扶贫促精准脱贫。另一方面，可以充分利用亲缘、同乡、同学关系，打造贫困地区外出务工、经商、从政、从教的人际网络，为带动贫困地区务工输出与返乡创业搭建关系纽带。加大电商平台的投入建设，构建贫困地区与外界联系的重要媒介，依托电商平台的信任，促进贫困地区农产品、旅游等资源与外界市场需求的对接，提高贫困地区知名度及特色优质资源的经济效益。

三、文化发展与扶贫

探讨文化发展与扶贫的关系，首先要了解贫困文化这个概念。人类学家刘易斯首先提出了贫困文化的概念，他认为贫困文化是一个拥有自己的结构和理性的社会亚文化，它表现出在既定的历史和社会脉络中，穷人所共享的是有别于社会主流文化的一种生活方式，同时也表现为在阶层化、高度个人化的社会里，穷人对其边缘地位的适应或反映，正是由于对这种贫困文化的自我适应，才使得穷人难以摆脱贫穷的命运。

（一）文化发展分析维度的理论溯源

从文化视角来解释扶贫，主要有两个侧重点，一是从贫困文化视角出发，改变贫困人口固有的贫困理念；二是从贫困地区独特的文化资源入手，提升贫困地区的发展空间，拓展经济来源。20 世纪 60 年代初，一批经典的论及贫困文化的书籍相继问世。其中，刘易斯的《贫困文化：墨西哥五个家庭实录》、班菲尔德的《一个落后社会的伦理基础》、哈瑞顿的《另类美国》，通过来自墨西哥、意大利和美国等不同社会的经验资料，共同构筑起贫困文化的概念架构①。

贫困文化论试图从文化角度论证穷人的特征。持这种观点的学者认为，穷人面临着特殊的生存问题，因而有特定的生活方式，在此基础上，在贫困群体中产生了共同价值观和行为方式，这就是贫困亚文化。这种贫困文化一经形成，就具有相对独立性，并可以代际传递。在贫困文化的制约下，即使初始的贫困条件发生变化、新的机会来临时，穷人也不能调整自己，摆脱贫困。贫困文化论用一个单独的亚文化假定来解释贫困在代际的延续。出生在贫困家庭的人在一个软弱的家庭结构、无效的人际关系、只顾眼前的和无节制的开支模式中成长，这种环境造成了贫困者的独特价值观，比如无助、依赖、自卑感、放

---

① 周怡. 贫困研究：结构解释与文化解释的对垒［J］. 社会学研究，2002（3）.

弃以及宿命论等。在这种环境下成长的孩子对于教育、工作以及自我提高的兴趣不浓，他们计划未来或者寻找把握机会的能力较差，对于经济剥夺和社会边缘化的适应性反应使得贫困者的弱势地位更难改变。大男子主义、不法行为、男女之间僵化的家庭责任分工、酗酒、吸毒以及学生成绩差等这些特点变成了"自己的目标"，这妨碍了贫困者摆脱他们的贫困状态，无法使他们在经济上、社会上以及文化上融入主流文化之中①。

对贫困文化观点的批评，或者针对其理论结构本身，或者从实证研究中找到反驳贫困亚文化的论据。第一，贫困文化理论假定，贫困文化有别于主流文化和价值观，但在现代工业社会，不同社会群体的观念和行为方式是有差异的，偏离主流并不是穷人所特有。这样，用贫困文化来解释贫穷就不很可靠。第二，虽然穷人的行为方式的确有特殊性，但这并不意味着穷人的价值观一定与其他人有本质区别，因为在贫困条件下，穷人的有些行为可能是不情愿的。第三，一些研究发现并不支持由贫困文化理论推断出的穷人依赖政府福利、不愿意工作的假设。第四，最重要的是，实证研究的结论表明，大部分贫困家庭在经历了一个时期的贫困之后，告别了贫困的生活。虽然贫困文化论受到种种挑战，但这一理论模式有其意义。最近，一些社会学家发现，确有一部分穷人如同贫困文化理论所描述和论证的那样，有独特的价值观、生活方式和人格问题。这部分贫困者构成了持久贫困人口的一大部分，被称为"贫穷的硬核"或者"真正的劣势群体"。

（二）文化发展与扶贫的关系

在贫困文化的视角下，贫困就是一种贫困阶层自我维持的贫困文化体系与独特的生活方式，是一种固化的行为方式、习惯习俗、心理定势、生活态度和价值观。这种价值观可以导致能力不足、机会丧失、社会排斥等情况，不仅使他们难以摆脱贫困，而且一定程度上起到了巩固和加深贫困的功能。贫困群体面对社会强压的价值规范无法获得成功时便会采取消极的应对方式，心甘情愿地生活于自己的文化圈②。所以，扶贫需要着眼于重构贫困人口的文化意识，着眼于提高贫困人口的科学文化素质、积极的价值观念及文明的生活方式，提高扶贫的内在生命动力。

实际上，贫困本身就是一种被定义的社会文化概念，其中隐含着社会文化的等级性关系。人的贫富对比作为一种动态因素影响着人们相互之间的关系，包括族群和社群关系等。导致贫困的更为重要的原因在于，行为主体丧失了处

---

① 沈红．经济学和社会学：判定贫困的理论［J］．开发研究，1992（3）．

② 周怡．贫困研究：结构解释与文化解释的对垒［J］．社会学研究，2002（3）．

置自身发展的主体权力。贫困人群不能根据每个地方、每个家庭自身的实际情况和发展优势，运用本土社会的文化知识，来决定自身的发展道路和发展方式，发展的方略和具体措施都来自于外部。贫困群众为了获得外部资源，为了完成下发委派的脱贫任务和指标而接受扶贫安排，而非凭借自身的本土知识和因地制宜的途径，即按照家庭和村落的长期发展目标来制定和实现家庭和村落发展规划，来实现脱贫、减贫，并以此参与各具特色的文化保护和发展项目①。

所以，从文化发展层面，新时期的扶贫要注重"文化自觉"。"文化自觉"指的是"生活在既定文化中的人对其文化有'自知之明'，明白它的来历、形成的过程、所具有的特色和它发展的趋向。自知之明是为了加强对文化转型的自主能力，取得决定适应新环境、新时代文化选择的自主地位"②。20世纪90年代末，费孝通先生以一系列疑问句提出了"文化自觉"的理论命题："我们为什么这样生活？这样生活有什么意义？这样生活会为我们带来什么结果？也就是说人类发展到现在已开始要知道我们的文化是哪里来的？怎样形成的？它的实质是什么？它将把人类带到哪里去？"关于"文化自觉"的追问可以从贫困的角度做出这样的解读，即减贫与发展道路的选择，首要需要解决的问题是"我们从哪里来，能到和要到哪里去"③。文化规定人们的生活，包含着文化持有者对于幸福、发展、和谐等概念的解释体系，因此从文化发展角度谈扶贫，首先要对特定群体、特定文化有自知之明，对其所珍视的价值、内心的期盼有深切的认识。民族地区贫困群体为中心的发展观念是何物？从文化多元一体的格局来看，民族地区的发展道路的选择，有着怎样的依据和潜在优势？我们认为"文化自觉"将是发展想象力的重要来源。这就要求既有的扶贫模式做出相应的调整，不是单纯的经济中心主义治理、对象化治理和同质化发展，而是建立在对民族地区经济特点、社会构造、文化心理等方面综合认知的基础上，把握此类地区的扶贫在更为宏观的社会发展语境中的位置，寻找具有文化生命力的治理方式。

具体而言，从文化发展的角度来看，一方面，扶贫需要以人为本，提高贫困人口的生产技能，适应市场的经营能力，以及参与社会经济活动的意识，激励贫困地区人民形成埋头苦干、奋发图强、自力更生的精神面貌。同时，要以文化阵地、活动为载体，提高贫困人口的文化素质，普及科技知识，探索一条文化、科技为农业经济发展服务、为农村精神文明建设服务、为农民致富奔小

---

① 王建民. 扶贫开发与少数民族文化 [J]. 民族研究，2012（3）.
② 费孝通. 试谈扩展社会学的传统界限 [J]. 北京大学学报，2003（3）.
③ 费孝通. 反思·对话·文化自觉 [J]. 北京大学学报（哲学社会科学版），1997（3）.

康服务的途径。另一方面，必须因地制宜，尊重地方文化发展规律，与市场经济因子相结合，创造特色的文化产业，提升贫困地区文化产业的市场竞争力。

（三）促进文化发展与扶贫良性互动的路径

促进文化发展与扶贫的良性互动，一方面，要从贫困人口自身文化素质出发，从制度的建构、民众观念的改变以及教育资源的供给等方面对扶贫进行理性审思，促进贫困人口现代发展观念的养成，提高贫困地区的人文素养以及人口整体素质。另一方面，要从贫困地区的文化产业发展入手，在遵循本土文化发展规律的基础上，摸清本地的文化资源优势，利用自身多元的社会资本探索和扶植本地特色文化因子。在深入了解本地资源现状的同时，积极寻求贫困地区现有资源与现代市场经济的契合点，促成文化资本转化成经济资本，在传统与现代之间搭建适宜的投资交流平台。对于文化资源的挖掘和开发，需要加大资金投入，鼓励社会资本参与建设，指导贫困社区做好文化资源与农业、生态旅游等产业的融合发展，鼓励贫困社区积极学习特色文化工艺品、非遗产品制作技艺，打造具有地方特色的文化旅游品牌，实现文化富民。

四、生态保护与扶贫

生态保护是绿色发展、协调发展理念在扶贫开发领域的具体体现，是中国特色扶贫道路的核心内容。我国从 1998 年陆续实施的重点生态建设项目，不仅有效保护了生态环境，还取得了良好的扶贫成效，为生态扶贫的实施奠定了基础。

（一）生态保护分析维度的理论溯源

生态贫困是基本生存环境的贫困，它是由于生态环境不断恶化，超过其承载能力而造成不能满足生活在这一区域人们的基本生存需要与再生产活动，或因自然条件恶化、自然灾害频发而造成人们基本生活与生产条件被剥夺的贫困现象，主要包括气候贫困、资源贫困等，生态贫困是一种间接的贫困形式，不易测量，要通过不同的衍生贫困形式反映出来。国内外尚无明确的指标来衡量生态贫困，定性分析远多于定量研究，政府往往将自然生态环境脆弱区域的大部分人口作为生态贫困人口。

从生态层面，新时期的贫困治理要追求人与自然的和谐。一项研究表明，新时期我国贫困人口有 95% 分布在我国的主要生态脆弱区，贫困问题与生态脆弱问题具有高度的地理耦合性。在上一个农村扶贫开发"十年规划"期间，这一问题已经引起了政府和知识界的关注，主张将扶贫开发工作与生态治理和防灾减灾工作有机地结合起来。特别是，连片特困地区的贫困治理的目标，需要与生态恢复和生态保护的目标相协调，"生态友好型"的贫困治理道路、"绿色减贫"的理念，无疑是理解贫困地区减贫与发展问题的另一重要维度。生态约束将成为影响新时期我国减贫道路选择的重要因素，在发展项目的选择上，如何对生态、灾害的视角具有敏感性，可能成为一个项目成败的关键①。

（二）生态保护与扶贫的关系

一直以来，如何在贫困地区取得经济社会发展与生态环境保护的平衡是一个重要且严峻的问题。一方面，贫困地区急需外部资源的注入以谋求地区经济的发展；另一方面，贫困地区脆弱的生态环境却无法承受某些产业的布局。尤其是在部分自然保护区与贫困山区重叠的地区，对于自然保护区的政策法规一定程度上限制了这部分贫困群体发展产业，且当地政府难以在短时间内调动足够的资源对这部分贫困群众进行合理安置，由此而引发的社会矛盾在很大的程度上增加了扶贫工作的难度。

我国是世界上生态环境较为脆弱的国家之一，生态脆弱区分布广、所占比重高，生态环境退化严重。为构筑生态战略安全格局，确保生态资源的持续利用，国家实施了大规模的生态建设重点工程，基本目标与扶贫开发目标一致，实现生态建设与扶贫开发的融合协调是生态扶贫的基本要求。生态扶贫旨在通过运用退耕还林、治理沙漠化等生态保护的方式和手段，改善或修复贫困地区的生态环境。政府在各地进行生态补偿机制的试点探索，尤其是天然林保护、湿地保护与恢复、野生动植物保护和自然保护区的建设，缓解环境恶化对当地经济效益产生的负面影响，实现贫困地区可持续发展。

虽然生态扶贫作为一种扶贫理念与扶贫手段在我国已进行了较为充分的试行，但相关生态扶贫的机制探索却因为现实因素的限制发展迟缓，相关制度仍需进一步完善，传统生态扶贫模式的工作机制仍以单纯的环境保护为主要内容，如何实现工作理念的转变以及工作方法的创新是当下生态扶贫能否发挥其真正效能的核心。面对成本投入高、维护成本高、工作成效脆弱等问题，生态扶贫的工作方法与运行模式急需实现由低效的漫灌式开发向高效的良性治理转变。所以，需要坚持"绿水青山就是金山银山"的生态扶贫思想，精准定位贫困地区贫困人口在保护和发展生产力方面的巨大贡献，通过财政转移支付和绿色生态产业开发，让贫困地区和贫困人口从保护生态环境中受益脱贫致富并实现持续发展。

（三）促进生态保护与扶贫开发紧密结合的路径

为了更好地处理社会发展与生态治理的发展伦理问题，需要将生态保护与产业发展相结合，在精准脱贫的过程中解决环境问题。首先，在扶贫规划层面，要将生态建设项目与生态产业布局在贫困地区，依托生态建设项目调整贫困地区产业结构和培育贫困地区生态产业，实施生态建设、生态产品供给、生态产业培育、贫困人口发展等相结合的综合举措。注重区域绿色产业的构建，通过社会帮扶以及政府扶持的方式构建贫困地区的绿色产业体系，实现发展与环保的良性互动。其次，完善扶贫管理的相关制度，注重扶贫项目的环境评估与实时监控，从管理环节上限制高能耗、高污染项目的上马与推行。最后，加强扶贫工作者的技能培训与理论学习，提高基层扶贫工作者的工作素质与对生态扶贫的理解。此外，要加大对贫困群众生态扶贫的宣传力度，强调区域生态与社会法发展的命运共同体地位，使其真正意识到绿色发展的重要性与紧迫性。将生态环保指标纳入到精准识别体系之中，进一步保证贫困识别的精准率。完善生态补偿机制与考核机制，推动可持续发展。

五、民族视角与扶贫

《中国农村扶贫开发纲要（2011—2020年）》明确指出，新阶段扶贫开发工作的重大战略举措是将集中连片特殊困难地区作为扶贫攻坚的主战场。连片特困地区包括680个县，大多是少数民族人口聚居区（其中370个属于少数民族县）。这些少数民族贫困地区具有独特的生态发展环境、生活结构方式和文化运行模式，其贫困人口多、贫困发生率高、贫困程度深，扶贫过程非常复杂。采取积极扶持措施，帮助贫困地区和贫困户致富，加快贫困地区的经济发展，对加强社会安定团结、加速社会主义建设、正确处理民族关系、发扬革命传统、巩固国防都有重要的作用。

（一）民族视角分析维度的理论溯源

我国学界对于少数民族地区的贫困问题往往会用基础设施薄弱、经济要素水平低、资源条件约束等原因来解释。资源状况先天性恶劣，土地资源和其他自然资源不足或开发不足，资金缺乏，交通、通信、能源等基础设施严重落后，资源结构不合理等常常被认为是导致贫困的主要原因。另外一些学者提出系统贫困论，认为贫困不是自然生态条件、资金、技术、人口素质等单一因素导致的，而是由各种相关因素构成的错综复杂的因果关系网络所决定的。他们借用生态学术语，将这种相互关联的贫困造成机制概括成"选择性亲和"，用以描述各种贫困因素的逻辑一致性与相互支持的动机性影响。在他们看来，区域性贫困或不发达的本质在于，该区域社会在能动机制、资源基础与求变能力之间的欠缺性因素发生选择性亲和的互动作用下，未能参与整个外部区域的经济全面增长与社会持久进步的过程。在我国学界，有些学者将少数民族地区的贫困原因归结为文化教育机会的缺乏及发展观念的滞后。有些人甚至认为，建立社会主义市场经济是一项除旧布新的工作，它需要铲除落后的传统观念，因此要倡导文化扶贫。文化扶贫的任务不仅要消除落后腐朽思想，还需要向贫困地区的广大人民群众传播新思想、新观念，以替代当地群众原有的思想观念①。

实际上，从民族视角来谈扶贫，更多应该关注贫困地区本土内生的文化理念、行为方式与扶贫的关系。世界各地、各民族的文化是多元的，不同人类群体的生活在时间和空间上有着诸多差异。形成于不同时期、不同地方的文化和文明传统，以不同的观念和体现这些观念的生活方式等形式呈现出来，世界由此变得丰富多彩，人们在面对不同的挑战时才有更为丰富的智慧来应对。在全球化背景下，随着现代化、都市化、信息化、产业化的发展，少数民族地区与外部世界的联系更加紧密，不同民族之间的互动日益频繁，少数民族文化和主流文化、外来文化之间的抵牾甚至冲突也随之不断发生。所以，在扶贫开发和民族文化保护中对少数民族主体性的强调具有重要意义。对于生活在民族文化中的少数民族而言，民族文化其实就是他们的生活方式，就是他们的生活价值与意义之源泉，不应该随意当作工具来使用或摒弃①。

（二）少数民族扶贫的特殊性

我国少数民族地区的贫困现状与减贫实践又由于地理区位、自然条件、发展历史、民族文化以及宗教信仰等与其他地区有着显著的不同，使其贫困问题具有了自己的特殊性和复杂性。在现代市场经济条件下，少数民族贫困地区呈现出一种"脆弱性叠加"的发展态势。从资源禀赋的情况来看，少数民族贫困地区的自然地理条件恶劣、生态环境脆弱、基础设施薄弱、灾害频发，缺少相应的发展资源，产业发展无法走平原地区的发展模式，地区生计方式主要以传统的农业和商业为主。随着少数民族人口的增加、生态环境承受能力降低以及各种现代性生活方式的侵袭，少数民族地区的基本生产与生活安全受到影响，与其他地区的发展差距逐渐加大，逐渐形成了"弱发展"的贫困状态。同时，这些地区在既往发展过程中处于边缘位置，在特定历史时期的发展思维导向之下，承担了较为严重的生态损失和文化代价，导致其自我发展能力较弱，地区发展的主体性缺失，地方性知识传承面临危机，原有的地区整合模式和运行方

① 王建民. 扶贫开发与少数民族文化 [J]. 民族研究，2012 (3) .

式基础发生松动，内在的文化传统与现代化的发展方式未能有效结合。外在恶劣的自然环境、内在的文化危机与潜在的市场风险，加剧了少数民族贫困地区发展的脆弱性。

从扶贫政策来看，我国已有的扶贫政策对少数民族贫困地区的特殊性关注不足，针对性不强。一是政府始终居于扶贫主体地位，担当着扶贫政策的策划者、倡导者、执行者的角色，几乎包揽了扶贫过程中的全部事项。少数民族贫困人口更多的是被动接受政府的制度安排，有些政策难以考虑到贫困地区居民的利益诉求和实际需要，在政府和扶贫对象间存在行政主导意识和客观行动方面的差距。二是已有的扶贫政策过于重视工具理性，缺少对民族文化的敏感性。少数民族文化与主流文化往往会有一些观念上的差异，如果主流文化缺乏对于少数民族文化的容纳空间，在扶贫、减贫中没有充分考虑少数民族文化的价值，在强大的主流文化压力下，少数民族往往会以牺牲自己的文化为代价，被迫接受或者迎合主流文化的诉求。我国已有的扶贫政策大多是以效率为中心，讲求扶贫的短期效果，对公平的追求相对不足，与少数民族贫困地区的文化知识体系之间存在矛盾。固化的产业发展实施模式对民族地区的地方性特色应对不足，对于一些少数民族贫困人群也设有一定的政策门槛，缺少适当的敏感性、包容性和前瞻性，不利于少数民族地区的整体发展。所以，需要进一步理解少数民族文化对于扶贫的重要性，并将其转换为一种扶贫资源。

（三）促进少数民族扶贫开发的路径

促进少数民族精准扶贫、精准脱贫，首先需要设置包容性的扶贫政策，在承认少数民族多元化价值体系的基础上增强扶贫资源的共享性，保障少数民族贫困群体的基本权益和平等的发展机会。在少数民族贫困地区的扶贫工作中，既要重视外源推动因素，也要考虑到贫困地区内部的特殊性、异质性，将外在的资源与内部资源结合起来，使外来发展观念与当地特有的社会制度、文化、自然环境等结合在一起，通过扶贫政策的激励，提升贫困地区发展能量，增强贫困村民的自我发展能力，实现持续性发展。

其次，需要充分考虑到少数民族自身的文化制度安排，以其为载体，开发符合少数民族自身生计特征的扶贫项目，合理利用少数民族的特色文化资源，开展民俗旅游项目和推广少数民族特色产品，增加贫困农户的收入。当然，在推进民族文化的发展过程之中，也要防止因为追求单纯的经济效益而破坏纯正的民族文化与资源的现象发生，通过各种保护性的政策法规，保护民族文化知识，使民族文化知识与现代的产业化经营、市场经济环境相契合，实现共同发展。

最后，也需要将着力点放在关照少数民族地区的特殊性及其可持续发展能力的提升之上。要让贫困群体在集体目标的引导下，发挥自我组织功能，使其充分介入扶贫行动的设计、实施及评估，增强他们的资本动员能力、地区参与和管理能力，以此来确定他们真正的需求，发展他们自己的生活世界，提升其发展技能。整合政府、社会组织以及社会公众等各扶贫主体的扶贫资源，加大外部推动力，提升贫困地区发展价值，提高少数民族地区扶贫开发效果。

六、性别视角与扶贫

传统的贫困研究一向以家庭作为分析的基本单位，女性始终处于失语状态。随着 20 世纪 70 年代西方妇女独立与解放运动的兴起，女性贫困问题逐渐被纳入到贫困研究的视野。女性贫困人口作为扶贫体系中非常特殊的一类群体，因内部生理因素与外部社会因素的共同作用，使其具有易受损害性、脆弱性和隐蔽性等贫困特征，尤其值得关注。

（一）性别视角分析维度的理论溯源

女性作为一个特殊群体，其贫困问题往往被忽视。例如，在贫困统计当中，人们通常只注意贫困人口总数、贫困程度等指标，却没有分性别统计。这种统计忽视了家庭的不均质性，忽视女性贫困现象的特殊性。关于贫困女性减贫发展的理论分为 3 个阶段，一是女性参与发展阶段（Women in Development，WID），这是与现代化理论模式相关的一种理论倾向。该理论认为，在强调以经济增长为核心的发展理念之下，女性作为孩子生养者、持家者和家庭主妇，是被动的接受者，经济发展的利益会通过在外挣钱的男性或者社区援助项目逐渐渗透到贫困女性。二是妇女与发展理论阶段（Women and Development，WAD），这是新马克思主义女权范式，该理论认为女性本来就是发展进程的重要组成部分，对社会经济发展发挥重大作用，在家庭内工作对社会运转起到了关键性作用，但女性的劳动并没有被赋予经济价值。注重挖掘贫困女性发展的潜力，通过外力助推，比如非政府组织的援助项目为贫困女性提供技术服务、能力建设和小额信贷等财务支持，减轻女性的劳动强度，提高女性的经济独立性和社会地位。三是社会性别与发展阶段（Gender and Development，GAD），它着眼于改变女性与男性在家庭内和社会上的不平等权力。女性是发展过程中的能动性主体，成功的发展项目需要通过妇女的自我组织来增强妇女的参与和增权。基于社会性别的一些研究没有恰当分析男女之间的性别不平等与贫困的相互关系，只是强调贫困女性如何被剥夺在权利、资源和生活方面的发言权，政策实践与项目设计并没有系统地将社会性别问题纳入进去，还需要进一步发展[①]。

(二) 贫困女性扶贫的特殊性

从性别视角来理解扶贫，一方面要看到女性贫困的特殊性，这主要表现在女性贫困具有分散性、隐蔽性、多样性、易受损害性、多重交叉的脆弱性和脱贫困难性等特点。女性在健康、收入、资产、社会保障等物质方面以及在文化、权利、社会资本以及社会网络支持等人文方面，都具有和男性不一样的贫困特性。贫困会带有一张女性面孔，男性和女性会因为不同的社会性别而拥有不同的贫困经历，女性的脱贫难度会更大。女性贫困群体的规模大、类型多样、测量难度大，多分布在自然条件恶劣、性别文化滞后的地区。

另一方面，在女性致贫的原因层面，女性致贫因素经常重合叠加、相互作用，资源机会的缺失，性别的弱化与隔离，家庭、社会分工的固化，社会排斥等因素都会使妇女陷入贫困。联合国妇女发展基金认为妇女会因为更难获得土地、信贷、资本和收入高的工作而陷入贫困，妇女被更多地地滞留在低收入、低社会服务和低保障以及比较而言更加恶劣的生活环境中，缺少社会资本支持。妇女在现有社会秩序中会处于一种整体弱势状态，无法与外部其他力量达成平衡，个人权利也很容易遭受侵犯。所以，需要用实用性和战略性的社会性别理念，提高妇女在家庭、社区平等参与决策的意识与机会，提高其经济发展能力，实现贫困妇女的增权，促进其整体性发展。

(三) 贫困女性减贫的路径

一是要构建一种平等的性别话语权，不再接受在福利方案中把妇女作为发展的被动接受者以及作为母亲和家庭主妇的假设，要把贫困妇女当作可以实现内源式发展的行动主体，树立尊重女性的先进性别文化观念。二是要在政策设计之中，构建性别平等对待政策、积极行动政策和性别主流化政策，推动包容性的社会福利政策，建立融入性别视角的反贫困政策，实现女性自我发展意识的转变。三是要加大社会组织的培育引导，发挥非营利组织在妇女反贫困中的作用，推动妇女就业，促进贫困妇女的广泛参与，增进社会资本与社会和谐。四是要调动人力资源，构建社会支持网络，发挥小额信贷等具体经济扶持政策的作用。总之，贫困女性不应该是被忽略或者被动接受扶助的对象，而应该是扶贫行动的设计者、规划者和组织者，是发挥主体能动性及内生动力，实现自身脱贫的行动主体。

---

① 曾璐. 国际发展援助对妇女公共参与的影响 [M]. 北京：中国社会科学出版社，2014.

第五章 中国特色扶贫理论的背景

中华人民共和国成立以来，我国不断推进反贫困工作，开辟出了一条有中国特色的反贫困道路。随着社会经济的发展，我国的反贫困理念和政策也经历了一系列的调整和发展。回顾我国扶贫历程，可根据社会发展与减贫政策的变化细分成以下几个时期，分别是中华人民共和国成立后反贫困的探索（1949—1978），改革开放时期的反贫困实践（1978—1985），经济快速发展时期的开发式扶贫（1985—2000），以及新世纪的扶贫攻坚（2000—）。

一、中华人民共和国成立后反贫困的探索（1949—1978）

中华人民共和国成立初期，饱经战争的蹂躏的中国大地百废待举，社会经济形势十分严峻，贫困与落后是我国最基本的国情。如何改善经济困难、赢得解放战争胜利、巩固新兴共和国国家政权是党和政府的当务之急。由于各种内部和外部的限制，深入和全面的反贫困政策难以得到推广，在该时期，反贫困的根本任务是如何让人民群众吃得起饭、穿得起衣，如何让人民达到生产上的自给自足，给人民群众提供最基本的生存保障，并努力让人们的追求从"生存"提升到"生活"。

当时政府采取的反贫困措施大多是应急性的、广义的，并有没形成对我国的贫困问题的系统性、理论性的认识，其所采取的政策安排多是短期的救济与救急手段，或是用通过整体性的经济增长来缓解贫困，这些做法在一定程度上缓解了局部贫困和部分经济问题，但并不能大面积、深层次地解决我国社会的贫困问题。但中华人民共和国成立初期的反贫困探索也并不是毫无建树。1950年，毛泽东同志发表讲话，表示中央人民政府成立后，主要是抓了一个财政问题，现在的问题要转到搞经济上去，要调整工商业，要和资产阶级合作[①]。他

---

① 邸延生．历史的回眸：毛泽东与中国经济［M］．北京：新华出版社，2010：73．

还指出要合理、最大化地利用城乡资本主义的积极性。这些理念为中华人民共和国成立初期的国营、私营工商业的发展奠定了理论基础，通过政策的转变，对产业进行调整，强调公私兼顾、劳资两立的原则，意在促进与推动整个社会的宏观经济发展，从而缓解贫困问题。这些举措给中华人民共和国成立初期的国民经济带来了较为快速地恢复与发展。

在农村方面，共同富裕理念的提出，指引了广大农民的合作化建设，标志着创建共同富裕之路新实践的开始。毛泽东在 1953 年指出，只有改变私人所有制，统一于社会主义，才能提高生产力，解决供求矛盾，完成国家工业化[①]。其后，他又在《关于正确处理人民内部矛盾》中提出："使现在还存在的农村中一小部分缺粮户不再缺粮，除了专门经营经济作物的某些农户以外，统统变成余粮户或者自给户，使农村中没有了贫农，使全体农民达到中农和中农以上的生活水平。"[②] 试图通过办合作社，达到增产增收、消除农村贫富的两极分化、缓解贫困问题，最终实现共同富裕的理想；同时，还加强了农村的基础设施建设，加大了在农村教育、医疗方面的投入、提高了社会保障的标准，具体表现在革除生产资料私有制、建立农村集体经济、促进就业、增加收入、建立合作医疗制度和卫生防疫制度、建立五保户制度、实行储备粮制服等，这些举措为解决贫困问题提供了很大的助力。

在中华人民共和国成立初期到改革开放之前，我国实施的反贫困措施，基本是浅层、表面、广义的"输血式"救济扶贫。这种在高度计划经济体制时期实施的扶贫战略，一方面保障了普遍贫困状态下大多数人的临界生存需要，另一方面也阻碍了生产力的快速发展[③]，并不能真正意义上地解决贫困问题。在20 世纪 70 年代末期，贫困成为当时最为突出和亟待解决的社会问题之一，全国的贫困人口数量仍占总人口数的近半数，数量接近 2.5 亿[④]，这反映了当时贫困问题的普遍性与严重性。

但从另一方面的来讲，这些措施在当时的社会背景下也是起到了很大成效的，它在一定程度上抑制了农民之间的贫富分化、缓解了贫困人口的初级需求，解决了他们生存危机，在推动生产的同时也让人民有了初步的自主生产和自我救助的意识。同时，合作化建设、共同富裕等理念的提出，给之后的反贫困工作提供了理论和指导方向，也为扶贫政策由粗泛、浅层向精准化、深度化的发展积累了一定物质基础和工作经验。

① 邸延生．历史的回眸：毛泽东与中国经济［M］．北京：新华出版社，2010：140．
② 毛泽东．毛泽东著作选读［M］．北京：人民出版社，1966：344．
③ 叶普万．中国扶贫战略的偏差及其修正［J］．兰州大学学报，2004（5）：85－89．
④ 黄承伟．中国扶贫开发道路研究：评述与展望［J］．中国农业大学学报（社会科学版），2016，33（5）．

二、改革开放时期的反贫困的实践（1978—1985）

在 1978 年的十一届三中全会上，党中央正式宣布在全国开始全面推行改革开放战略，强调了发展生产力的对扶贫和经济发展的重要性。党中央认识到，造成农村人口大面积贫困的原因是生产力的低下，现有的生产能力与成果无法满足广大民众的生存需求，而限制了生产力的根本原因则是体制的落后。为了打破这一现状，从根本上解决广大农民的生存问题、解放农村经济发展的潜力，彻底的经济制度改革迫在眉睫。1978 年，在十一届三中全会思想的指导下，以体制改革为开端，展开了一系列的新的反贫困政策与实践。

（一）农村体制改革

农村的体制改革是这一阶段反贫困措施的最大推动力。

1978 年的十一届三中全会提出了全面实行"对内改革、对外开放"的战略决议，以邓小平为代表的国家领导人们继承了毛泽东提出的"共同富裕"的思想理念，指出共同富裕是社会主义的本质特征，在通过长期对我国农村生产状况和经济形势的研究与分析后，党中央认识到了发展生产力对扶贫和经济发展的重要性，邓小平提出："搞社会主义，一定要使生产力发达""整个社会主义历史阶段的中心任务就是发展生产力，这才是真正的马克思主义。就我们国家来讲，首先是要摆脱贫穷""社会主义的本质，是解放生产力，发展生产力，消除两极分化，最终达到共同富裕。"摆脱贫困和发展生产力成为了一个重要的议题。

随着时代的发展，以人民公社集体经营制度为主体核心的计划经济体制已经落后于当时农村经济的发展需要，农村作为改革的首发前沿，却因为过于僵化的制度而限制了农民的生产积极性，也禁锢了农民的生产潜力，制约了生产力的提升与发展。1979 年，在中共中央的带领下，开始逐步推动以家庭联产承包为主的责任制来代替以人民公社为主的集体经营体制的改革。

家庭联产承包责任制的有关规定中，集体仍享有土地的所有权，但"分田包产到户，自负盈亏"，即将土地的经营权按户均分给农民，交由各家各户自主经营。家庭联产承包责任制的推行使农民享有了农业生产的自主权，激发了他们的劳动积极性，刺激了竞争意识，释放了农村生产力。

在家庭联产承包责任制实施后，粮食总产量从 1987 年的 3 037.5 亿千克上升至 1984 年的 4 092 亿千克，农民人均纯收入从 133.6 元上升到 397.6 元，而农村的社会总产值从 2 037.5 亿元上升到 6 340 亿元[①]。这一显著的变化证明

---

① 吕书奇．中国农村扶贫政策及成效研究［D］．北京：中国农业科学院，2008.

了体制改革给农村经济带来的巨大影响。从反贫困的角度来看，经济的增长与繁荣是消灭贫困的必要条件之一。粮食产量的上升让农民解决了最基本的温饱问题，大量民众脱离了吃不饱、穿不暖的局面，从而使更多的劳动力能够投入到生产活动当中，而更多的劳动力又能进一步刺激生产力的发展，直接推进了经济的复苏与繁荣。

与中华人民共和国成立初期的救济式扶贫政策不同，相较于救济式扶贫短期、小范围、暂时性的特点，改革开放后的扶贫政策是大规模的、自上而下的，它建立在农场经济体制改革的基础上，将扶贫工作从农村救济中分离出来，通过解放生产力，拉动经济发展，将每一户、每一人都拉进到自主性生产的大潮里，从根本上扭转了农村的经济发展形势。

（二）农贸市场改革

政府同时对市场制度进行了一系列改革与调整，除了家庭联产承包责任制的实施，还大力推进农贸市场的改革。农产品的增产激发了市场的活力，在有序竞争的前提下，政府鼓励开发和解放市场的自由度，放宽和调整对农产品的价格约束。市场机制对农村经济的配置及推动产生了巨大的作用，根据对我国农业的市场化进程进行的定量研究数据显示，我国农业整体市场化程度从1978 年的 7.67％上升为 1986 年的 48.3％[①]。从 1978 年开始，政府还大幅提高了农产品的收购价格，到 1983 年底，粮食的收购价格比 1977 年的水平高出了 15％～20％、油料和油料作物高出 27％、糖料作物高出 26％、棉花高出 30％多、生猪高出 27％，这大大提高了农民的收入。同时，对集体生产和农民统一购买的农产品，对超过统购数量的部分进行加价奖励的政策，对超购部分的补偿力度在 1979 年之前是 30％，在 1979 年之后增加到了 50％[②]，这意味着每个农民生产粮食的越多，能得到的政府奖励也就越多。超购加价政策不仅有利于调动农民的生产积极性，刺激生产，同时也有助于调控市场的资源供给。自由、活跃的市场带来了更多的交易机会和收入，将众多农民们拉出了贫困线，甚至脱贫致富。

（三）开发式扶贫

开发式扶贫是对过去救济式扶贫的改革与调整，它对贫困的缓解不是单纯依靠实行生活救济，而是与区域经济发展、农村生产经营体制改革联系起来，通过直接的利益挂钩调动农民劳动积极性，并且用发展生产、扩大就业和增加

---

① 陈宗胜．改革、发展与收入［M］．上海：复旦大学出版社，1999：58.

② 彭剑君．中国农村财政政策研究［M］．北京：中国财政经济出版社，2008.

收入来缓解农村贫困[①]。在 1978—1985 年这一阶段，我国主要采取的是以区域开发为特色的开发式扶贫方式，重点是农村经济改革和小规模的区域扶贫，在实行家庭联产承包责任制的基础上，改善贫困地区的生活和生产条件，通过加强基础设施建设、完善公共服务、提高社会保障等手段来提高贫困地区的生产水平，以刺激经济发展来解决贫困问题。同时，政府成立了专项资金向贫困地区提供财政支持，如 1980 年设立的"支持经济不发达地区发展资金"，对部分极度贫穷地区进行重点帮扶。除此之外，还实施了一系列帮助农村生产建设的举措，其中最具代表性的就是 1982 年在甘肃定西、河西与宁夏西海固地区实行的"三西"地区农业建设计划，每年投入 2 亿元的拨款资金，力争在 3 年内消除当地的环境破坏问题，5 年内解决温饱问题，并用 2 年时间来巩固成果，有效地改善了当地的农业及生态环境、提高了农业产量，促进了局部经济的成长。

（四）其他综合性社会政策的推广

在进入改革开放时期之后，我国推行了一系列的社会政策，这些政策都直接或间接地促进了我国反贫困事业的发展。

第一，鼓励发展乡镇企业。1979 年，国务院颁布了名为《关于发展社队企业若干问题的规定（试行草案）》，要求发展社队企业，为从农业中转移出来的大量剩余劳动力提供生产空间与门路（在 1984 年的中央四号文件里，社队企业改名为乡镇企业。）市场化的经济体制为乡镇企业的发展提供了有益的条件。改革开放后，乡镇企业的兴起与发展改变了农村的产业结构，使部分农村摆脱了以农业为主的单一生产方式，逐渐发展起工业、服务业等第二、第三产业。这些产业的兴起，不仅带动了当地经济的发展，加强了农村对资金、劳动力的吸引力，同时企业的创建为地区居民提供了更多的就业岗位，使农业人口向非农领域转移，加强了当地剩余劳动力的自我消化能力，为贫困人口提供了更多的就业机会与谋生渠道，降低了贫困人口的数量。在 1978—1985 年，我国乡镇企业的就业人数从 2 826.6 万人增加至 6 976 万人，乡镇企业的总产值由 493.1 亿元跃至 2 728.4 亿元[②]。

第二，逐步开放对劳动力输出的限制。改革开放前期，由于城市的就业困难问题，国家严格限制农村劳动力的转移，不支持农民进城、外出务工，这导致了农村剩余劳动力几乎没有转移的空间，但随着城市的发展、就业岗位自我

---

① 王朝明. 中国农村 30 年开发式扶贫：政策实践与理论反思 [J]. 贵州财经学院学报，2008（6）：78 - 84.

② 当代中国丛书编辑部. 当代中国的农业 [M]. 北京：当代中国出版社，1992：755.

消化能力的增长，这一政策也出现弊端：它不利于人力资源的合理分配，也缩减了生产效能。在意识到这一点后，政府逐渐放开了对劳务输出的限制，1984年1月1日，国务院颁布《关于1984年农村工作的通知》，允许农村劳动力自筹资金、自理口粮，进入城镇务工经商。在1985年的中央一号文件里，更加宽松了对农村劳动力的限制："在各级政府的统一管理下，允许农民进城开店设坊，兴办服务业，提供各种劳务。"① 政策的松动给农村的反贫困工作提供了一个新方向——非农就业。在1978—1985年的8年间，农村的非农劳动力数由3 149.5万人升至7 521.8万人②。非农就业的人数也在一定程度上能反映出第二、第三类产业的发展情况与经济形势，其数量越高，经济情况就越健康越良好。而非农就业率也与农村贫困的相对发生率有着明显一致的倾向性。对农村劳动力输出限制的放宽，是符合我国当时国民经济的发展趋势的，对劳动力的分配进行了合理的控制与疏导，同时也扩大了农村贫困人口的就业途径和就业辐射范围，很大程度上减轻了农村的贫困问题。

　　除去以上两大综合性扶贫政策的推广以外，党中央和各级政府还采取了其他一系列的相对有针对性的政策来解决贫困问题。在20世纪80年代中期，划定了18个集中连片的贫困地带，包括秦巴中高山区、陕北白于山区、黄河沿岸土石山区、中西部山区和丘陵地区、沂蒙山区、闽西南、闽东北、努鲁儿虎山区、太行山区、吕梁山区、秦岭大巴山区、武陵山区、大别山区、井冈山区、赣南地区、定西干旱山区、西海固地区，这些贫困问题特别严重的地区作为扶贫工作的重点实施对象，采取针对性的反贫困措施。同时，提出开发公共工程、以工代赈的扶贫方法，救济对象赈济金或赈济物资通过参加必要的社会工程建设获得，即贫困人口要通过出工投劳来获得救济③。1983年，陕西省潞城县东邑乡民政助理员申海文在当地党政领导部门的支持下，组建了扶贫扶优服务中心，在当地召集了200余名贫困群众到当地的工厂工作，挖土方、运石料，3个月就收入3.3万元，人均收入150～200元④。这一措施的实行，不仅切实提高了贫困人口的收入，也有力推动了当地基础设施、公共工程、本地企业的发展，取得了双赢的成效。

　　1978—1985年，我国的反贫困工作，尤其是农村地区的扶贫政策取得了卓越的成就。在1978年时，以当时制定的人均年收入206元以下即可界定为贫困人口的标准，我国农村的贫困人口高达2.56亿，其数量占农村总人口数

① 中共中央文献研究室．十二大以来重要文件汇编（上）[M]．北京：人民出版社，1986：617．

② 国家统计局．中国统计年鉴（1995）[M]．北京：中国统计出版社，1995．

③ 张磊．中国扶贫开发政策演变（1949—2005年）[M]．北京：中国财政经济出版社，2007：73．

④ 《人民日报》1984年12月6日．

的 30.7％。但在其后的几年中，农村贫困人口平均以每年 1 786 万的数量减少，到了 1985 年时，贫困人口的数量已下降到了 1.25 亿，贫困发生率也由原有的 30.7％降低到了 14.8％。

三、经济快速发展时期的开发式扶贫（1986—2000）

从 20 世纪 80 年代中期开始，我国的反贫困事业进入了大规模开发式扶贫的全新阶段。

在上一个阶段，通过农村体制改革、市场改革等一系列举措的展开与实施，我国农村的经济走上了快速发展的道路，全国农村的贫困水平大大改善，其中一些自然条件良好、地理条件优越的地区已经率先脱贫致富，这些地区不仅农业产量领先，第二、第三产业也有一定的发展，借着改革开放和市场化的春风实现了本地经济的腾飞。但与此同时，一些问题也逐渐凸显了出来。1985 年开始，我国的贫困人口减少的速度开始呈现下跌趋势，扶贫的成效也有所减弱，同时经济的发展也拉大了区域间的贫富差距，内陆地区、边远山区等地受自然资源、环境交通等因素的制约，发展情况远远落后于平原地区与沿海地区，在这种情况下，仅采用以往的全面扩张经济产业的手段，对改善落后地区的经济情况无甚助益。为了提高减贫成效、解决社会经济发展不平衡问题，提出新的扶贫方案势在必行。开发性扶贫成为了这一时期的主导战略，根据政策的侧重变化与规模发展，其又可分为区域开发式扶贫和"造血式"综合扶贫攻坚 2 个阶段。

（一）区域开发式扶贫阶段（1986—1993）

1986 年，国务院成立了贫困地区经济开发领导小组，作为扶贫开发工作的专门实施机构，这个小组就是国务院扶贫开发领导小组的前身，其主要任务是"组织有关贫困地区的调查研究；制定贫困地区发展的方针、政策和规划；协调解决有关贫困发展的重大问题；监督检查有关工作；总结交流经验"[①]。领导小组的成立，意味着各级单位的扶贫工作有了一个统筹、主管的领导核心，能确保各市、县等下级扶贫单位的工作更深度、有序地展开，也将农村的反扶贫工作带入到专业化、规范化、制度化的领域。1986 年的全国人大六届四次会议将如何帮助"老、少、边、穷"地区脱离穷困落后状况作为一项重要议题，单辟为一章列入了《中华人民共和国国民经济和社会发展第七个五年计划》。同年，国家统计局开始利用全国农村住户抽样调查数据进行贫困标准及

① 国务院贫困地区经济开发领导小组办公室. 中国贫困地区经济开发概要. 北京：农业出版社，1989：14.

扶贫效果等有关问题的研究和测算，监控系统逐渐形成和发展起来，成为我国农村开发式扶贫模式的重要组成部分[1]。与上一阶段以全方位改革来带动扶贫事业的方针不同，扶贫机制的组织化让反贫困的推进更加具有针对性，提高了工作效率，有助于改善区域经济发展不平等的问题。

区域开发式扶贫最重要的特点是有针对性的区域集中。首先，制定了贫困标准，选取瞄准最需要帮扶的困难地区。1985 年，我国贫困县的标准是人均年收入低于 150 元，少数民族自治县和革命老区则为 200 元，一些革命老区的标准甚至放宽到 300 元，在这样的标准下，我国确定了 311 个国家级贫困县、368 个省级贫困县。这一时期，扶贫的主要对象是这些地区没有解决温饱问题、生存存在绝对困难状态的贫困人口[2]。以促进区域经济增长作为主要战略，投入专项资金，实行对口帮扶，加大产业化项目投资，制定区别化的减贫策略，将扶贫与发展结合起来，培养地区的自我发展能力，使其经济能得到可持续性的发展。

在 1986—1993 年的区域扶贫开发工作中，政府的资金投入逐年加大，20 世纪 80 年代中期，每年向贫困地区投入的专项资金是 40 亿元，在 90 年代初，资金援助的数额已提升至每年 60 亿～70 亿元[3]。众多举措的实施表明了中央对地方扶贫的强调与重视。在这一阶段，我国贫困县农民的人均年收入从 208 元涨至了 483.7 元，兴办了 80 多万个果、茶、桑、茶等经济园和 5 万余个乡镇企业；我国农村贫困人口由 1.25 亿人下降到了 8 000 万人，每年减少 640 万人，年均递减 6.2%，而贫困发生率则从 14.8% 下降到 8.7%[4]。

（二）综合性扶贫攻坚阶段（1994—2000）

虽然区域开发式扶贫在改善我国农村贫困发生率上取得了明显的成果，但仍有一些问题尚未解决。其中最突出的就是东西部经济差距的拉大。贫困问题的地缘特征越来越显著，贫困区域的分布向中西部严重倾斜。数据显示，1994 年，在 592 个国家定点的贫困县中，中西部地区的县、市占据了总数的 82%，贫困人口数量占 80.13%[5]。过去的"促进区域经济增长带动扶贫"的方针，在某些贫困地区演变成了"贫困地区工业化项目投资"，这些项目投资在一定程度上拉高了区域经济总值，但却脱离了底层群众，扶贫政策没有落实到户、贯彻到人，在改善农户个人的贫困状况上收效甚微。

① 洪民．中国农村开发式扶贫模式研究［D］．北京：中国农业大学，2003．
② 张磊．中国扶贫开发历程（1949—2005 年）［M］．北京：中国财政经济出版，2007：56．
③ 王颖．多维视角下的农民问题［M］．南京：江苏人民出版社，2007：211．
④ 国务院新闻办公室．《中国的农村扶贫开发（白皮书）》［EB/OL］．（2006 - 03 - 03）［2018 - 05 - 14］．http://www.cpad.gov.cn/art/2006/3/3/art_46_12298.html．
⑤ 沈涛．农村反贫困政策评析［J］．社会科学战线，2009（3）：69．

1994 年 3 月，《国家八七扶贫攻坚计划（1994—2000 年）》的颁布，标志着综合性扶贫攻坚战略的展开。《国家八七扶贫攻坚计划（1994—2000 年）》中明确写道："为进一步解决农村贫困问题，缩小东西部地区差距，实现共同富裕的目标，力争在 1994 年到 2000 年的 7 年间，基本解决全国农村 8 000 万贫困人口的温饱问题。这将是今后 7 年全国扶贫开发工作的纲领，也是全民经济和社会发展计划的重要组成部分""继续坚持开发式扶贫的方针：鼓励贫困地区广大干部、群众发扬自力更生、艰苦奋斗的精神，在国家的扶持下，以市场需求为导向，依靠科技进步，开发利用当地资源，发展商品生产，解决温饱进而脱贫致富。"①

根据《国家八七扶贫攻坚计划（1994—2000 年）》的精神，我国继续发展开发式扶贫工作，在国家的帮助和领导下，紧抓市场动向，在科学技术的帮助下改善并合理利用本地的有利资源，因地制宜，发展商品生产，以达到自力更生、脱贫致富。其具体实施内容主要反映在以下几点：①在 1994 年以后，我国的扶贫项目投入开始落实到户，实行农村目标瞄准型减贫策略，优先解决困难群众的温饱问题。②不断加大资金的投入，在扶贫项目上投入的资金从 1995—1999 年增加了 1.63 倍。至 1994 年起，再增加一部以工代赈资金和扶贫贴息贷款各 10 亿元，并要求各级地方政府也要逐年加大对扶贫的投入。1997 年，国务院出台《国家扶贫资金管理办法》，明确和规范了扶贫资金的使用渠道和管理模式，确保钱用在明处，用在实处，用在效处。③在扶贫开发形式上，呼吁各地区抓住资源优势发展区域性特色产业。坚持兴办贸工农一体化，为农民提供产业化一条龙的服务，提高生产效率；加大和推动贫困地区与发达地区的交流与合作。④加强社会福利政策保障。包括对贫困户提供信贷基金，贷款条件及数额可根据实际情况进行适当的放宽；"老、少、边、穷"地区的企业，特别是新兴企业，3 年内的所得税可以返还；各下级政府要把贫富投入列入财政支出的预算当中；同时，贫困地区还可以享受贸易优先的福利。⑤提高对贫困地区教育、医疗、科学文化建设的投入，推进"村村通广播"，严格执行和推广义务教育、兴建希望工程等，培养和增强贫困人群的知识文化水平，以提高其生产能力和就业竞争力。

经过 7 年的扎实工作和不懈努力，我国在 2000 年基本完成了《国家八七扶贫攻坚计划（1994—2000 年）》的既定目标，解决了贫困人口的温饱问题，农村待解决的贫困人口数量由 1994 年的 8 000 万人减少到 2000 年的 3 000 万人，其中重点扶持贫困县的贫困人口由 5 858 万人下降至 1 710 万人，农村贫困发生率下降至 3.4%，贫困地区的人均纯收入上升至 1 337 元②。我国农村的

① 中共中央文献研究室. 十四大以来重要文献选编（上）[M]. 北京：人民出版社，1996.

② 国务院新闻办公室.《中国农村扶贫开发（白皮书）》[EB/OL].（2006 - 03 - 03）[2018 - 05 - 14]. http://www. cpad. gov. cn/art/2006/3/3/art _ 46 _ 12298. html.

绝对贫困人口数持续下降，各地区的扶贫发展逐渐走上了可持续性的发展道路，贫困问题也由一个全国范围的、区域性的普遍性问题变成了点状分布的相对性问题。

四、新世纪的扶贫攻坚（2001 至今）

进入 21 世纪后，我国的经济建设步入了一个全新的阶段。在党的十六大三中全会上，提出了全面建设小康社会的奋斗目标，提出要"全面建设惠及十几亿人口的更高水平的小康社会，使经济更加发展、民主更加健全、科教更加进步、文化更加繁荣、社会更加和谐、人民生活更加殷实。"[1] 全面建设小康社会的要求给我国的扶贫事业带来了新的考验。2001 年，按我国现行的每人每年 630 元的贫困标准计算，我国有 2 927 万人属于贫困人口，占全国农村人口的 3.2％；按每人每年 872 的低收入人口标准算，我国农村低收入人口为 610 万人，占全国农村人口的 6.6％[2]。而以世界银行的 1 人 1 天消费 1 美元的标准，我国有 2.12 亿贫困人口，贫困发生率高达 16.6％[3]。

为了顺应时代发展的要求、紧跟经济腾飞的脚步，2001 年 11 月 29～30日，在北京召开了中央扶贫开发工作会议，颁发了《中国农村扶贫开发纲要（2001—2010 年)》（以下简称《纲要》），并在会议上全面部署了《纲要》的贯彻落实工作，力求"消灭贫穷，达到共同富裕"，让贫困人群实现"不愁吃，不愁穿，保障其义务教育、基本医疗和住房。"《纲要》里肯定了改革开放以来我国扶贫工作取得的重大成就，指出我国的扶贫开发是一个长期的历史任务，继续深入推进扶贫开发意义重大。文件中还提出了农村扶贫开发的目标任务、农村扶贫开发的对象范围、专项扶贫、行业扶贫、社会扶贫、政策保障等方面的具体要求和实施方案。

在《中国农村扶贫开发纲要（2001—2010 年)》的精神指引下，我国新世纪里的全面建设小康社会背景下的扶贫攻坚工作也采取了一系列卓有成效的新措施，以整村推进、农村劳动力转移培训和产业化扶持为三大重点。

（一）整村推进参与式扶贫

针对新阶段我国贫困发生状况已由大面积成片区域性贫困转化成以村为单

---

① 2002 年 11 月江泽民在十六大报告中的讲话。

② 国家统计局．2002 年中国农村贫困状况监测报告，2003.

③ 世界银行．2004 年世界发展报告——让服务惠及穷人［M］．北京：中国财政经济出版社，2004.

位的小范围贫困的情况，我国开始把贫困瞄准重心从贫困县下移到贫困村，全国范围内确定了 15 万个贫困村，其中西部地区的贫困村占 50％，中部占 40％，覆盖了贫困人口的 80％左右，以这些贫困村为对象全面推广以"整村推进"为重点的扶贫开发措施，贫困户可全程参与项目的实施、管理过程，是一项以村为单位、以增加农民收入为核心、以文化全面发展为目标而展开综合性的扶贫开发工程。这一举措提高了贫困瞄准精准度，进一步增强了扶贫对象的针对性；直接受益于贫困人口，深入群众，真正了解和解决农民的切身利益问题；在项目实行过程中，更加注重农民的参与度，农民可直接参与到扶贫项目的选择、实施、管理等环节里，这也在一定程度上培养了他们参与产业化经营的概念和经验，增强了农村的市场意识。根据国务院扶贫办公室的数据结果显示，整村推进工程实施的五年间，在全国范围内做出了很好的探索和实践，取得了喜人的结果。至 2005 年年底，全国已有 4.51 万个贫困村初步完成了整村推进扶贫开发规划建设任务，并计划在"十一五"期间扩展到全部 14.18 万个贫困村[①]。

（二）劳动力转移培训

在《中国农村扶贫开发纲要（2001—2010 年）》颁布后，我国政府把农村劳动力和劳动力的转移培训列为新时期我国农村开发扶贫的三项重点措施之一，并主动提高了对农村人力资本的投入。2003 年发布的《国务院关于进一步加强农村教育工作的决定》中明确指出："要大力发展农村职业教育""重点开展以农民培训为重点的农村成人教训，促进农业增效、农民增收。普遍开展农业实用技术培训，每年培训农民超过 1 亿人次。积极实施农村劳动力转移培训，每年培训 2 000 万人次以上，使他们初步掌握在城镇和非农业产业就业必需的技能"[②]。同时，进一步完善"雨露计划"，计划以农村贫困户中的青壮年劳动力为主要对象，以提高素质、增强就业和创业能力为宗旨，以促进扶贫对象稳定就业为核心目标，开展以建筑、电子装配、餐饮、家政服务等需求量大的技术行业为中心的技能培训。这一举措的实施让农民掌握了更多的求生技能，改变了农民只能靠土地吃饭的传统。同时，在培训中学习掌握到实用的知识与技能提高了农民在就业市场上的竞争力，提高了农民的收入，也加强了贫困人口的自力更生、自我发展能力。这一举措也促使了更多的农村人口输出到城市谋职，一方面满足了大城市在高速发展的过程中对基层技术岗位的大量需求，另一方面也缓解了农村大量的剩余劳动力问题，同时增强了扶贫的内生动

---

① 新华社报道．扶贫在线．2006 年 6 月 19 日。
② 国务院关于进一步加强农村教育工作的决定，2003。

力，让贫困地区农民实现脱贫致富的目标。在 2001—2004 年，参加了这类针对性培训的贫困地区人口有 242 万人，其中在各省、市内就业人口有 157 万人，占总培训人数的 65％。

（三）产业化扶贫

产业化扶贫是新时期我国扶贫推广事业的另一项主要内容。除了《中国农村扶贫开发纲要（2001—2010 年）》里提到"要积极推进农业产业化经营的产业化扶贫"外，国务院在《关于做好农业和农村工作的意见中》也明确指出"发展农业产业化不仅有利于提高农业生产效率、增强农业竞争力、有利于推进农业现代化，也是对农村经营体制的创新与完善"。

农业产业化是指以市场为导向，以效益为中心，围绕一个或多个相关农副产品项目，组织众多主体参与，进行生产、加工、销售一体化的活动，并在发展过程中逐渐形成一个新产业体系的过程。产业化扶贫的内容则主要包括确立主导产业，建立生产基地；提供优惠政策，扶持龙头产业，探讨运行机制，实现农户企业双赢等[1]。这一举措从改变农村生产体制的根本入手，将普惠式扶贫与市场资源优化配置相结合，是解决新时期农民贫困问题的最根本途径。产业化扶贫实施以来，取得了十分明显的成效，以扶贫龙头企业这一项内容为例，目前我国已认定了 625 家国家级扶贫龙头企业，平均每家龙头企业扶持农户数为 1 161～6 198 人，扶持贫困农户数为 578～2 391 个，贫困农户占农户总数的 9.3％～70％，平均比例为 45％。户均增收有 2 个区间，分别为 5～70 元和 2 000～4 000 元[2]。

除上述 3 种主要的重点工程以外，政府还同时实施就业促进、小额贷款、自愿移民、以工代赈等扶贫模式，相互配合、相互促进，进一步完善农村的立体化扶贫系统以推动扶贫事业的发展。

通过不懈努力，我国在全面建设小康社会背景下扶贫工作取得了卓越的成就，据国家统计局的官方监测数据统计，在《中国农村扶贫开发纲要（2001—2010 年）》实施的 10 年，贫困人口由 2000 年底的 9 422 万人减少到 2010 年底的 2 688 万人，贫困发生率从 2000 年的 10.2％下降到 2010 年的 2.8％。同时，592 个国家扶贫开发工作重点县人均地区年生产总值从 2 658 元增加到11 170 元，年均增长 17％；人均地方财政一般预算年收入从 123 元增加到 559 元，年均增长 18.3％。农民人均年纯收入从 2001 年的 1 276 元，增加到 2010 年的

---

① 《〈中国农村扶贫开发纲要（2001—2010 年）〉中期评估政策报告》。
② 刘坚. 新阶段扶贫开发的成就与挑战［M］. 北京：中国财政经济出版社，2006：37.

3 273 元，年均增长 11％[①]。

（四）精准扶贫、精准脱贫

精准扶贫是我国新时期扶贫开发工作的重大转型。2013 年，习近平总书记在赴湖南考察时做出了"扶贫要实事求是，因地制宜。要精准扶贫，切忌喊口号，也不要定好高骛远的目标"[②] 的重要指示，创新地提出了精准扶贫这一概念。随后，中共中央办公厅印发《关于创新机制扎实推进农村扶贫开发工作的意见的通知》，国务院机构出台《关于印发〈建立精准扶贫工作机制实施方案〉的通知》《关于印发〈扶贫开发建档立卡工作方案〉的通知》，对精准扶贫工作模式的顶层设计、总体布局和工作机制等方面都做了详尽规制，推动了习近平总书记关于扶贫工作的重要论述的全面开展[③]。《建立精准扶贫工作机制实施方案》中确定了精准扶贫的目标任务，"通过对贫困户和贫困村的精准识别、精准帮扶、精准管理和精准考核，引领各类扶贫资源的优化配置，实现扶贫到村到户，逐步建立精准扶贫工作长效机制"，同时，文件中还指出了重点工作内容，包括建档立卡与信息化建设、干部驻村帮扶、培养扶贫开发品牌项目、提高扶贫工作的精准性和有效性、建立精准扶贫考核机制等，从多角度、多方面保障精准扶贫工作的顺利进行。

据国家统计局发布的《2015 年国民经济和社会发展统计公报》数据，我国农村贫困人口减少至 5 575 万，贫困发生率下降至 5.7％。习近平总书记在十九大报告中回顾过去 5 年以来的工作时指出，我国自实行精准扶贫政策以来，脱贫攻坚战取得决定性进展，六千多万贫困人口稳定脱贫，贫困发生率从 10.2％下降到 4％以下。中国共产党创新提出的精准扶贫政策，以每年减贫 1 300 万人以上的成就，为世界的反贫困工作做出了重大的贡献[④]。

作为一个拥有世界最多人口的发展中国家，我国扶贫工作面临着许多的困难，人口基数大、工业化起步晚、城乡差距悬殊等，但经过 60 余年的不懈努力，我国的扶贫事业取得了莫大的成就，从对世界领扶贫工作的贡献来看，我国的扶贫工作加速了全球减贫的进程。联合国《千年发展目标报告（2015 年）》显示，全球极贫人口从 1990 年的 19 亿降至 2015 年的 8.36 亿，其中我国的贡献率达到 70％，累计使 7 亿多农村贫困人口成功脱贫，1978—2010 年

① 国务院，《中国农村扶贫开发的新进展》白皮书，2011.

② 习近平赴湘西调研扶贫攻坚 [EB/OL]. （2013 - 11 - 03）[2018 - 05 - 15]. http:// politics. people. com. cn/n/2013/1103/c70731 - 23416677. html.

③ 唐任伍. 习近平扶贫思想阐释. 人民网-人民论坛，2015.

④ 精准扶贫，中国书写最伟大故事——国际社会积极评价中国脱贫攻坚成果 [EB/OL]. （2017 - 10 - 23）[2018 - 05 - 14]. http://cpc. people. com. cn/19th/nl/2017/1023/C414305 - 29602217. html.

全球贫困人口数量减少的 93.3％是来自我国[①]。从我国扶贫发展过程来看，从拉动经济整体发展的广义扶贫到局部瞄准的精准式扶贫、从输血救济式扶贫到造血自生式扶贫、从连片贫困区域扶持到整村推进……我国在改革经济体制的同时，将扶贫与发展结合在一起，坚持贯彻可持续发展原则，开创了一条具有中国特色的扶贫开发道路。

---

① 中国对世界减贫贡献率达到 70％ ［EB/OL］. （2017 - 06 - 07） ［2018 - 04 - 26］. http：// tv. people. com. cn/n1/2017/0607/c61600 - 29323082. html.

第六章　中国特色扶贫理论的构建

中华人民共和国成立后，经过 60 多年的反贫困历程，我国取得了举世瞩目的减贫成就。在长期的扶贫开发实践中，党和政府通过不断更新扶贫理念、科学制定扶贫战略、持续实施扶贫计划、创新扶贫政策机制，逐步探索出一条中国特色扶贫开发道路，形成和发展了具有中国特色的扶贫开发理论体系。党的十八大以来，党中央把扶贫开发工作提升到事关全面建成小康社会、实现第一个百年奋斗目标的新高度，我国扶贫开发已进入最后的攻坚期和决战期，在此关键节点，梳理和总结中国特色扶贫开发理论，具有重要价值和现实意义。

一、中国扶贫理念的传承与发展

我国政府一直非常重视扶贫工作，也从未停止对扶贫开发的探索和创新。正所谓"行动为基、理念先行"，扶贫开发事业的有效性取决于扶贫开发理念的合理性，我国扶贫开发取得的巨大成就，离不开扶贫理念的与时俱进和转变完善。在我国扶贫开发的历史进程中，几代党和国家领导人都立足时代国情，提出了解决贫困问题的一系列理念和思路，逐步形成并丰富了扶贫开发思想体系，为我国扶贫理论的发展做出了巨大贡献。

（一）中华人民共和国成立初期的扶贫理念

中华人民共和国成立之初，国贫民穷、危机肆虐、民生凋敝、百废待兴，这一困窘现状成为横亘在中国共产党人面前的一大难题。面对经济社会发展极度落后的基本国情，以毛泽东为代表的党和国家领导人明确了"让人民彻底摆脱贫困潦倒的穷日子"的反贫困奋斗目标。1949 年 10 月在全国政治协商一届一次会议上，毛泽东在《中国人民大团结万岁》中提出："将领导全国人民克服一切困难，进行大规模的经济建设和文化建设，扫除旧中国所遗留下来的贫困和愚昧,逐步地改善人民的物质生活和提高人民的文化生活"①。

为实现这一伟大目标,中华人民共和国领导人提出通过工业化和合作化实现反贫困的战略构想。1955 年,毛泽东在《关于农业合作化问题》的报告中指出:"在逐步地实现社会主义工业化和逐步地实现对于手工业、对于资本主义工商业的社会主义改造的同时,逐步地实现对于整个农业的社会主义改造,即实现合作化,在农村中消灭富农经济制度和个体经济制度,使全体农村人民共同富裕起来。"② 他认为合作化是一举多得的好办法,既可以达到解贫救困、农业增产的目的,同时也可以阻止贫富分化在农村泛滥,最终使广大农民走上共同富裕道路。

以毛泽东同志为核心的党的第一代中央领导集体为了使我国尽快地摆脱贫困,在社会主义改造和社会主义建设中消除贫困方面做了有益的探索。毛泽东提出的共同富裕思想,为我国扶贫理论的形成奠定了坚实的基础。第一,在中华人民共和国历史上第一次提出共同富裕思想,为中华人民共和国的扶贫实践指明了方向和奋斗目标。第二,指出了实现共同富裕的现实途径。要实现共同富裕,必须走社会主义道路,社会主义革命的目的是为了解放生产力。第三,指出了扶贫实践的模式。要使我国摆脱贫困,需要搞土地改革和农业合作化,摸索出适合我国社会的扶贫实践模式③。

(二) 改革开放初期的扶贫理念

改革开放之初,我国绝大多数农村仍然处于贫困状态。到 1978 年,以农民年人均纯收入 100 元为贫困线,我国农村贫困人口规模高达 2.5 亿人,占全国人口总数的 25.97%,占世界贫困人口总数的 1/4,农村贫困发生率达到 30.7%④。面对这种情形,如何让广大农村地区发展生产、摆脱贫困,成为摆在党和国家面前的一项重要任务。1978 年,邓小平在《解放思想,实事求是,团结一致向前看》中指出:"在经济政策上,我认为要允许一部分地区、一部分企业、一部分工人农民,由于辛勤努力成绩大而收入先多一些,生活先好起来。一部分人生活先好起来,就必然产生极大的示范力量,影响左邻右舍,带动其他地区、其他单位的人们向他们学习。这样,就会使整个国民经济不断地

---

① 邸延生. 历史的回眸:毛泽东与中国经济 [M]. 北京:新华出版社,2010:66.
② 毛泽东. 毛泽东选集(第五卷)[M]. 北京:人民出版社,1977:437.
③ 文建龙. 中央领导集体对新中国扶贫理论的贡献述评 [J]. 中共云南省委党校学报,2013,14 (5):57-60.
④ 赵曦,熊理然. 中国农村扶贫开发的历史成就及其历史经验 [J]. 中国农业经济学会纪念农村改革 30 周年学术论文集.

波浪式地向前发展，使全国各族人民都能比较快地富裕起来。"① 随后召开的党的十一届三中全会，则正式拉开了我国农村经济体制改革的伟大历程。通过全面启动农村改革，实行家庭联产承包责任制，放宽农产品价格，赋予农民农业生产自主权，农村经营管理体制改革的推进，极大激发了广大农民的劳动积极性，我国农村扶贫事业步入一个崭新的历史阶段。到 20 世纪 80 年代中期，广大农村地区的绝对贫困状况得到极大缓解，我国的贫困人口迅速减少。

在扶贫理念方面，邓小平在总结历史教训的基础上，把反贫困问题上升到社会主义本质的高度来认识，进一步深化了毛泽东的共同富裕思想。第一，共同富裕是社会主义的本质特征和发展目标。邓小平提出："社会主义要消灭贫穷，贫穷不是社会主义，更不是共产主义。"②"我们的目的是共同富裕。"③ 第二，消除贫困必须坚持社会主义道路。邓小平强调："只有社会主义制度才能从根本上解决摆脱贫困的问题。""中国要解决十亿人的贫困问题，十亿人的发展问题，只能靠社会主义。"④ 坚持社会主义道路、坚持四项基本原则是实现共同富裕的政治保证。第三，发展是硬道理，是解决贫困问题的根本途径。邓小平主张将农村经济的发展、农民生活水平的提高与我国经济的发展、摆脱贫困紧密结合起来⑤。邓小平以解放思想、实事求是的态度，纠正了脱离实际单纯强调"同步富裕"的错误倾向，对于贫困问题的认识和思考更为深刻，在反贫困战略及对策措施方面提出了很多切合实际和具有操作性的构想，推动我国扶贫开发事业进入新的历史阶段。

（三）扶贫开发新时期的扶贫理念

20 世纪 90 年代中期，我国还有约 8 000 万贫困人口，主要分布在"老、少、边、穷"地区。这些地区自然条件恶劣、基础设施落后，农村改革释放的扶贫效应难以覆盖，需要推行有组织、有计划、大规模的帮扶措施。1994 年国务院发布《国家八七扶贫攻坚计划（1994—2000 年）》，这是我国扶贫领域第一个纲领性文件，以此为标志，我国的扶贫开发开始进入攻坚阶段。1996 年 9 月，江泽民在《为实现八七扶贫攻坚计划而奋斗》中指出："到本世纪末基本实现贫困人口温饱问题的目标绝不动摇……这是由我们党的宗旨和社会主义的性质决定的。"⑥"组织扶贫开发，解决几亿人的温饱问题，说明我们党和

① 邓小平. 邓小平文选（第二卷）[M]. 北京：人民出版社，1994：152.
② 邓小平. 邓小平文选（第三卷）[M]. 北京：人民出版社，1993：63 - 64.
③ 邓小平. 邓小平文选（第三卷）[M]. 北京：人民出版社，1993：254 - 255.
④ 邓小平. 邓小平文选（第三卷）[M]. 北京：人民出版社，1993：208.
⑤ 黄承伟，刘欣. 新中国扶贫思想的形成与发展 [J]. 国家行政学院学报，2016（3）.
⑥ 江泽民. 江泽民文选（第一卷）[M]. 北京：人民出版社，2006：548.

国家高度重视推进中国人民的人权事业，为保障人民的生存权和发展权这一最基本、最重要的人权，进行了锲而不舍的努力。"① 进入 2000 年以后，随着"国家八七扶贫攻坚计划"的完成，我国已基本解决了农村贫困人口的温饱问题。这一时期农村贫困问题已经发生明显变化：温饱问题基本解决但社会贫富差距、城乡差距显著拉大；贫困表现已经从收入贫困转向多元贫困；单纯经济发展对贫困主体的脱贫弱化②等方面。

在此背景下，以胡锦涛同志为总书记的党中央立足新世纪的国情，从"以人为本""科学发展观""和谐社会""建设社会主义新农村"等多个方面深化了扶贫开发理论。在 2005 年 5 月召开的中国扶贫开发协会第三届会员代表大会上，胡锦涛强调："扶贫开发是建设中国特色社会主义事业的一项历史任务，也是构建社会主义和谐社会的一项重要内容"③。在党的十六届五中全会上，胡锦涛提出"建设社会主义新农村"战略，按照建设社会主义新农村的要求，就是要加快扶贫开发，使贫困地区以较快速度发展，使广大农村达到"生产发展、生活宽裕、乡风文明、村容整洁、管理民主"的社会主义新农村目标。立足科学发展观与和谐社会建设，胡锦涛进一步发展了我国的扶贫思想，突出体现在：坚持以人为本，赋予了反贫困新的内涵；构建和谐社会，开拓了反贫困新的路径；建设全面小康社会，描绘了反贫困新的目标，实现科学发展，彰显了反贫困的新战略④，将扶贫开发的目标和战略提升到关系到科学发展观的贯彻落实、关系到社会主义和谐社会的构建、关系到全面建设小康社会的宏伟目标的高度考虑，对我国扶贫开发提出了更高要求，将扶贫开发的重要性和目标置于更广阔、更深刻的历史背景中，为新世纪的扶贫开发做出了重要贡献。

（四）扶贫开发新时代的扶贫理念

随着扶贫开发实践的不断深入，我国扶贫情势也进一步发生变化：一是改革开放以来的快速经济增长带来的减贫"涓滴效应"呈明显下降趋势，也就说经济增长带动贫困地区发展和贫困人口脱贫的作用越来越小；二是开发式扶贫，尤其以项目带动区域发展的扶贫策略无法有效覆盖到众多贫困农户家庭；三是以地区和县为重点的为瞄准目标的扶贫模式存在着"瞄准偏差"问题，贫困家庭和个体的"漏出"现象越来越多。这些都是当前我国扶贫开发面临的新问题新挑战，对扶贫开发理念及实践的转变提出了新要求。

①　江泽民 . 江泽民文选（第三卷）［M］. 北京：人民出版社，2006：248.

②　金鑫，韩广福 . 当代中国扶贫开发理念的转变［J］. 兰州学刊，2014（2）.

③　胡锦涛总书记关于构建社会主义和谐社会的有关论述［J］. 党建，2005（5）.

④　华正学 . 胡锦涛同志对马克思主义反贫困理论中国化的新贡献［J］. 毛泽东思想研究，2012（3）.

对此，以习近平同志为核心的党中央高度重视扶贫开发工作，党的十八大以来，习近平总书记多次深入贫困地区指导扶贫工作，深刻阐明了我国扶贫开发工作所面临的重大理论和实际问题，以创新思维提出了一系列符合新时期的扶贫开发工作需要的新理论。2013 年 11 月，习近平总书记到湘西考察时首次提出"精准扶贫"概念，他指出"扶贫要实事求是，因地制宜。要精准扶贫，切忌喊口号，也不要定好高骛远的目标"①。2015 年 6 月习近平总书记到贵州考察发表"6·18"重要讲话，系统阐述精准扶贫思想，提出了"四个切实"（切实落实领导责任、切实做到精准扶贫、切实强化社会合力、切实加强基层组织）、"六个精准"（扶持对象精准、项目安排精准、资金使用精准、措施到户精准、因村派人精准、脱贫成效精准）、"四个一批"（扶持生产和就业发展一批、移民搬迁安置一批、低保政策兜底一批、医疗救助扶持一批）等重要思想，奠定了精准扶贫、精准脱贫基本方略和中央脱贫攻坚决策部署的思想基础。2015 年 11 月，习近平总书记在中央扶贫开发工作会议全面论述了扶贫开发重大理论和实践问题，从战略和全局高度，深刻凝练脱贫攻坚的重大意义，精辟分析脱贫攻坚的形势任务，系统阐述做到"六个精准"、实施"五个一批"（发展生产脱贫一批、异地搬迁脱贫一批、生态补偿脱贫一批、发展教育脱贫一批、社会保障兜底一批）、解决"四个问题"（扶持谁、谁来扶、怎么扶、如何退）等重要思想②，对精准扶贫的核心内容、实现路径、根本要求、保障体系、落实行动的进行了全面论述，赋予我国扶贫思想以新时代内涵与特征，为扶贫攻坚的最后胜利和全面建成小康社会指明方向。

二、中国扶贫政策的调整与优化

回顾中华人民共和国成立以来的扶贫开发实践，尤其是 20 世纪 80 年代以来大规模的专门性扶贫开发行动，可以发现，伴随贫困人口、贫困区域以及扶贫类型、扶贫任务的调整，我国扶贫开发的实践也在不断变化。在扶贫方式上，实现了由救助式（"输血"）扶贫向开发式扶贫，再到扶贫开发与社会保障相结合（"两轮驱动"）的转变；在扶贫策略方面，实现了由大水漫灌式扶贫向区域瞄准式重点扶贫，再到滴灌式精准扶贫的转变；在扶贫格局方面，实现了由政府单一主导扶贫到政府、市场与社会"三位一体"大扶贫格局，再到多方参与的贫困治理格局的转变（图 6-1）。

---

① 习近平赴湘西调研扶贫攻坚，新华网，2013 年 11 月 3 日。
② 黄承伟，叶韬，赖力. 扶贫模式创新——精准扶贫：理论研究与贵州实践 [J]. 贵州社会科学，2016（10）.

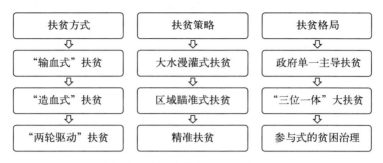

图 6-1　中国扶贫政策的调整与优化

（一）扶贫方式的转变

中华人民共和国成立以后，国家通过工业化和合作化，推动经济社会发展来缓解整体贫困。另外，还依托民政救济系统实施紧急救济计划，对农村各种困难群体展开实物生活救济，成为当时解决农村贫困的主要方法，构成了以"输血"为特征的救济式扶贫。"输血式"扶贫的核心观点是扶贫主体直接向扶贫客体提供生产和生活所需要的粮食、衣物等物资或现金，以帮助贫困人口渡过难关。可见，"输血式"扶贫模式主要是指各级政府及相关部门出钱、出物对贫困者直接进行救济，以求暂时温饱，其本质是一种社会救助。对贫困地区和贫困群众的"输血式"救济，在很大程度上解群众于危难之中，但却容易导致以下问题：一是重视钱、财、物的发放，只能解一时之贫，却无法根除贫困之源；二是这种被动接受不利于贫困地区自我发展，不利于贫困农民能力提高；三是不能调动贫困人口积极性，容易造成贫困地区和困难群众的"等、靠、要"等懒惰思想，不利于从根本上解决贫困地区群众的生产生活问题①。

在承认"输血式"扶贫存在局限的基础上，新的"造血式"扶贫思路应运而生。1986 年 5 月，国务院贫困地区经济开发领导小组（后改为国务院扶贫开发领导小组）成立，国家开始在全国农村范围内开展有组织、有计划、大规模的扶贫开发工作，改变单纯的救济扶贫方式。根据"授人以鱼，不如授人以渔"的古训，只有增强贫困人口的自我发展能力，才可以促使贫困者真正脱贫。因而"造血式"扶贫是指扶贫主体通过投入一定的扶贫要素（资源）扶持贫困地区和农户改善生产和生活条件、发展生产、提高教育和文化科学水平，以促使贫困地区和农户生产自救，逐步走上脱贫致富道路的扶贫行为方式，也称为开发式扶贫。从发展理念看，开发式扶贫通过提高贫困地区的自身"造

---

① 金鑫，韩广福. 当代中国扶贫开发理念的转变［J］. 兰州学刊，2014（2）.

血"功能，实现贫困人口减贫脱贫，在一定程度上解决了贫困地区"等、靠、要"的依赖思想，也有利于促进贫困地区的经济社会发展。但"造血式"扶贫作为一种区域扶贫和项目扶贫，很容易忽视贫困人群的个体差异，难以有效覆盖贫困地区老、弱、病、残等缺乏自我发展能力的特殊人群。

20 世纪 90 年代中期，世界银行提倡一种新发展理念，即"一方面进行经济结构调整，推动以市场为导向的经济增长，另一方面为暂时不能从这种经济增长中受益的穷人提供安全网。"① 这一理念在扶贫领域开始逐渐盛行。2007 年 7 月，在全国贫困人口大幅度减少的情况下，我国政府决定在全国农村全面施行最低生活保障制度；2011 年 12 月，《中国农村扶贫开发纲要（2011—2020 年）》指出："坚持开发式扶贫方针，实行扶贫开发和农村最低生活保障制度有效衔接。把扶贫开发作为脱贫致富的主要途径，把社会保障作为解决温饱问题的基本手段，逐步完善社会保障体系。"② 标志着我国扶贫开发正式进入"两轮驱动"的新阶段：低保制度维持生存，扶贫开发促进发展，扶贫开发与社会保障相结合，共同解决农村贫困问题。

（二）扶贫策略的调整

20 世纪 80 年代中期，大多数农村地区凭借自身的发展优势，经济获得了快速增长，但仍有一些偏远地区发展滞后。1986 年，国家确立了 592 个国家级贫困县，对贫困县的支持主要通过投入各项扶贫资金用于项目建设，以期通过项目带动地方的经济发展，并进而达到帮助贫困人口脱贫的目的。这种以区域经济发展带动农户脱贫的模式在一定时期内取得了明显效果，但是到 2000 年以后，情况开始发生变化，扶贫资金的大量投入却没有带来贫困人口的明显减少，区域性整体扶贫的减贫效应在逐渐降低，大水漫灌式扶贫的弊端开始显现：一是对贫困县的投入像撒胡椒面一样，缺乏重点和焦点；二是这种以区域为单位的扶贫资金投放，在很多地方容易被挪为他用，没有投入到专门的扶贫领域；三是这种大水漫灌式的扶贫，容易导致资源配置失效，对扶贫项目的评估调查发现，几乎所有扶贫项目都存在非贫困者排挤贫困者的现象，覆盖不完全和资源漏出问题并存。

为了解决上述问题，提高扶贫的有效性，扶贫开发的重点从贫困县转向贫困村，开展专项扶贫，主要包括整村推进、产业化扶贫、劳动力培训转移、教育扶贫、移民搬迁、金融扶贫等。专项扶贫的优势在于扶贫的瞄准对象由贫困县聚焦到贫困村，针对贫困村的发展短板，因村实策，让贫困村参与到扶贫规

---

① 远海鹰. 全球贫困状况和扶贫战略的演变［J］. 世界林业研究，1996（3）.
② 中国农村扶贫开发纲要（2011—2020 年）. 人民日报，2011 年 12 月 2 日.

划方案的制订和实施中，进一步提高扶贫的科学性和有效性。以专项扶贫为主的扶贫模式问题在于：一是贫困识别机制有待完善，识别不准，扶贫错位；二是扶贫项目的选择机制不尽合理，偏好公共设施项目，产业项目选择缺乏市场化机制；三是扶贫资源缺乏有效的投入、整合机制，投入不足，整合乏力，长效扶贫机制欠缺，公共服务有效供给不足，贫困人口的自我发展能力难以提高[①]。

多年大规模的区域开发，致贫的共性因素被极大改善，但是贫困个性原因的解决存在针对性不高的问题。在这种状况下，需要在区域开发的基础上与更有针对性地和每家每户的脱贫结合起来。逐村逐户分析致贫原因，开准药方、对症下药，把脱贫攻坚转到精准扶贫的轨道，做到"六个精准"（扶贫对象精准、措施到户精准、项目安排精准、资金使用精准、因村派人精准、脱贫成效精准），真正做到扶贫扶到人的身上，脱贫落到人的头上，提高脱贫攻坚的针对性、有效性。

（三）扶贫格局的优化

我国政府有组织的农村反贫困行为是在传统的计划经济体制下起步的，再加上反贫困的政府强力主导，在反贫困的过程中传统的纵向传递的政府专项扶贫是其主要特点，即主要依靠中央政府和省级政府的财政扶贫资金投入，而行业、社会和国际扶贫资金投入份额极少。在政府单一主导扶贫的格局下，单纯依靠政府投入，尤其是依靠中央政府和省级政府的财政扶贫投入极易导致扶贫资金总量投入不足、分配结构失衡、管理体制层次多且体块分割、监管体制缺位，其直接的后果就是导致扶贫资金极低的缓贫效率。而且，政府主导的专项扶贫使得贫困地区的扶贫开发始终游离于市场机制之外，扶贫资源配置无法得到市场机制校正而实现优化，严重制约了贫困人口接受、认同和运用市场机制的意识和能力。

随着扶贫开发实践的推进，构建政府、市场、社会协同的"三位一体"大扶贫格局理念逐渐形成。在"三位一体"大扶贫格局下，专项扶贫与行业扶贫、社会扶贫相结合，整合多种资源，充分调动发挥政府、行业、群众、社会各方面作用，形成以政府为主导、部门主要帮扶、社会主动参与、社会各方面关注的扶贫开发新格局。在保证中央和省级财政资金投入逐年增加的基础上，积极引入行业、社会和国际资源进入扶贫开发领域，引导动员行业社会力量积极参与扶贫开发，加大党政机关定点扶贫和经济发达地区对贫困地区的对口帮扶，大力鼓励和支持各类民间组织、慈善机构、国际组织参与到农村的扶贫开发建设中，参与扶贫项目的开发实施，引进海外组织的资金支持、新的理念和方法。

---

① 赵玉，刘传言. 对扶贫政策措施的反思［J］. 红旗文稿，2008（1）.

在扶贫开发进程中，"参与"的理念使得扶贫开发逐渐超越经济范畴，逐渐从社会文化因素以及贫困人口的主体性角度去适应扶贫事业在新的发展形势下的客观要求。"治理"的理念则是超越单纯的行政范畴，让社会多元主体能够通过沟通协商共同参与到扶贫中。参与式治理倡导参与主体多元化、过程民主规范化、目标效益最大化[①]。在参与式治理下，一是提高扶贫主体的参与能力，政府做到"有所为有所不为"，摒除"主人"思维，市场组织能够平衡"理性人"与"扶贫人"的角色，农户能够增强主动性和自觉性。二是提高扶贫主体的参与动力尤其是贫困农户的参与意愿，提高参与主体之间的信任水平，让扶贫主体更具参与感和价值感。

三、中国扶贫战略的构建与完善

改革开放以来，我国扶贫开发在中国共产党的领导下始终坚持政府主导，将扶贫开发作为重要领域纳入国家总体发展战略，开展有组织、大规模的专项扶贫行动；坚持用发展的办法解决广义的贫困，以经济发展带动扶贫开发，通过扶贫开发促进经济增长；坚持开发式扶贫的方针，以提高贫困人口的自我发展能力作为解决贫困的根本途径；坚持发挥社会主义制度优势，广泛动员全社会参与扶贫，构建了政府、市场、社会"三位一体"的大扶贫格局，形成了地区间、部门间全社会协同参与的多元主体的扶贫体系；坚持普惠性政策与特惠性政策相结合，先后实施了《国家八七扶贫攻坚计划（1994—2000 年）》《中国农村扶贫开发纲要（2001—2010 年）》《中国农村扶贫开发纲要（2011—2020 年）》，对贫困人口实施特惠政策。我国扶贫开发战略实施进程见图 6-2。

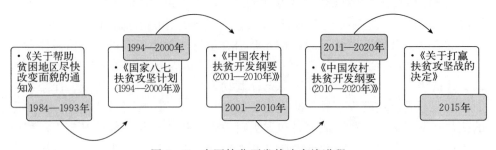

图 6-2 中国扶贫开发战略实施进程

党的十八大以来，以习近平同志为总书记的新一届党中央领导集体从战略

---

① 胡振光，向德平. 参与式治理视角下产业扶贫的发展瓶颈及完善路径［J］. 学习与实践，2014（4）.

和全局的高度做出了全面建成小康社会的新部署，并以为全面建成小康社会"补短板"的战略思维审视农村贫困问题。习近平总书记提出了两个"重中之重"的思想、改革创新扶贫机制的思想，以及科学扶贫、精准扶贫、内源扶贫的思想。2013年12月，中共中央办公厅、国务院办公厅印发了《关于创新机制扎实推进农村扶贫开发工作的意见》。2015年，中共中央、国务院发布了《关于打赢脱贫攻坚战的决定》（以下简称为《决定》），也是继《国家八七扶贫攻坚计划（1994—2000年）》以来又一个为"攻坚拔寨"而生的重要决定，《决定》的颁布标志着我国扶贫开发战略在不断完善中走向成熟。目前，我国成功地走出了一条具有中国特色的扶贫开发道路，搭建起了科学的扶贫战略体系。

（一）改革开放初期的扶贫战略

我国形成明晰的扶贫战略目标始于20世纪80年代，1984年9月，国务院颁布了《关于帮助贫困地区尽快改变面貌的通知》，该通知成为我国扶贫工作的一个基本的指导原则，并且通知明确提出了针对贫困地区的优惠政策。1986年，为进一步加大扶贫力度，国家成立了从中央到地方各级的贫困地区经济开发领导小组，专门负责领导、组织、协调、监督、检查扶贫开发工作；安排专项扶贫资金，制定有利于贫困地区和贫困人口的优惠政策，确定了开发式扶贫方针；开始实行县级瞄准机制，确定了国定贫困县标准，将331个贫困县列入国家重点扶持范围，另设368个省重点贫困县；重点关注老革命根据地和少数民族地区，组织劳务输出，推进开发式移民，改善贫困地区的基础设施；还制定了"对口帮扶"和"定点扶贫"政策等，旨在发动全社会力量缓解农村绝对贫困。改革开放初期以贫困县为重点的扶贫战略见图6-3。

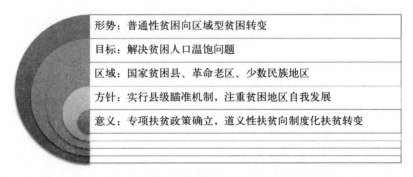

| 形势：普通性贫困向区域型贫困转变 |
| 目标：解决贫困人口温饱问题 |
| 区域：国家贫困县、革命老区、少数民族地区 |
| 方针：实行县级瞄准机制，注重贫困地区自我发展 |
| 意义：专项扶贫政策确立，道义性扶贫向制度化扶贫转变 |

图6-3　改革开放初期以贫困县为重点的扶贫战略

（二）"八七"扶贫攻坚时期的战略

政府主导和开发式扶贫方针的确定以及农村普惠政策和贫困地区特惠政策

的落实，基本解决了全国大多数贫困人口的温饱问题。这一时期，农村剩余8 000万贫困人口相对集中在中西部少数自然条件恶劣地区，对于这些特殊困难区域的贫困人群来说，经济体制改革和区域经济发展的扶贫带动效应弱化，必须采取更有针对性的攻坚战略。

国务院于1994年3月制定《国家八七扶贫攻坚计划（1994—2000年）》，提出集中人力、物力、财力，动员社会各界力量，力争用7年左右的时间，基本解决农村贫困人口的温饱问题。与此同时，中央通过决议把中西部扶贫工作纳入国民经济发展综合规划，在政策上对中西部扶贫工作进行了新的部署，制定了资金、权力、任务、责任"四到省"的原则。《国家八七扶贫攻坚计划（1994—2000年）》是中华人民共和国历史上第一个有明确目标、明确对象、明确措施和明确期限的扶贫开发行动纲领。这一时期的扶贫制度更加明确了扶贫到户的开发式扶贫战略，扶贫方式从以前的区域性扶贫转为横纵联合、内外兼顾的参与式扶贫，注重调动贫困者自身的反贫困积极性，鼓励贫困农户参与决策，实行扶贫开发与贫困救助相结合的"内外造血式"扶贫开发新机制。扶贫攻坚时期的扶贫战略见图6-4。

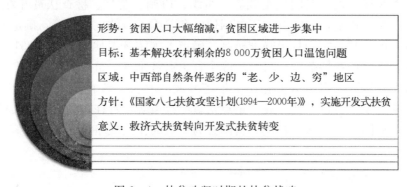

| 形势：贫困人口大幅缩减，贫困区域进一步集中 |
| 目标：基本解决农村剩余的8 000万贫困人口温饱问题 |
| 区域：中西部自然条件恶劣的"老、少、边、穷"地区 |
| 方针：《国家八七扶贫攻坚计划(1994—2000年)》，实施开发式扶贫 |
| 意义：救济式扶贫转向开发式扶贫转变 |

图6-4　扶贫攻坚时期的扶贫战略

（三）21世纪初的扶贫开发战略

2001年起，以《中国农村扶贫开发纲要（2001—2010年）》的颁布实施为标志，扶贫开发工作进入解决和巩固温饱并重的新阶段。为了适应经济社会发展的新形势和新要求，中央政府重新确立了"坚持开发式扶贫方针、坚持综合开发与全面发展、坚持可持续发展、坚持自力更生与艰苦奋斗、坚持政府主导与全社会共同参与"的基本方针。

《中国农村扶贫开发纲要（2001—2010年）》提出新时期我国扶贫工作的奋斗目标是：尽快解决少数贫困人口温饱问题，进一步改善贫困地区的基本生活条件，巩固温饱成果，提高贫困人口的生活质量和综合素质，加强贫困乡村的基础设施建设，改善生态环境，逐步改变贫困地区经济、社会、文化的落后状况，为达到小康水平创造条件。同时，对扶贫工作的重点与瞄准对象做了重大调整：把低收入人口纳入扶贫对象；针对贫困人口分散化的特点，政府将14.8万个贫困村作为扶持重点，瞄准对象开始由贫困县向贫困村转移，扶贫资源实行重心下移，进村入户，瞄准到人；政府还通过制定和实施参与式村级扶贫规划，确定了以整村推进为体、以产业扶贫和劳动力转移培训为翼的"一体两翼"扶贫开发战略。扶贫政策的调整极大地调动了广大人民群众的积极性，提高了扶贫资源的使用效率，推动了大规模参与式社区综合发展与扶贫的实践。21世纪初的扶贫战略见图6-5。

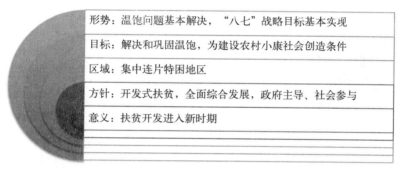

形势：温饱问题基本解决，"八七"战略目标基本实现

目标：解决和巩固温饱，为建设农村小康社会创造条件

区域：集中连片特困地区

方针：开发式扶贫，全面综合发展，政府主导、社会参与

意义：扶贫开发进入新时期

图6-5 21世纪初的扶贫战略

（四）全面建成小康社会时期的扶贫开发与精准扶贫战略

为了进一步加快贫困地区发展，促进共同富裕，实现到2020年全面建成小康社会奋斗目标。2011年我国出台了《中国农村扶贫开发纲要（2011—2020年）》，制定的主要目标是到2020年，稳定实现扶贫对象不愁吃、不愁穿，保障其义务教育、基本医疗和住房，简称"两不愁，三保障"。为了实现上述目标，坚持开发式扶贫方针，实行扶贫开发和农村最低生活保障制度有效衔接。

党的十八大以来，习近平总书记多次在贫困地区调研中提及"精准扶贫"思想，精准扶贫是习近平总书记在总结数十年扶贫工作经验、教训之上，根据目前我国贫困群体状况所提出的针对性措施。长期以来，扶贫中的低质、低效问题普遍存在，如贫困居民底数不清，扶贫对象常由基层干部"推估"（推测估算），扶贫资金"天女散花"，以致"年年扶贫年年贫"；重点县舍不得"脱贫摘帽"，数字弄虚作假，挤占浪费国家扶贫资源；人情扶贫、关系扶贫，造成"应扶未扶、扶富不扶穷"等社会不公，甚至滋生腐败；另外，现行的扶贫制度设计存在缺陷，不少扶贫项目粗放"漫灌"，针对性不强，更多的是在

"扶农"而不是"扶贫"。总的来看，原有的扶贫体制机制必须修补和完善。换句话说，就是要解决钱和政策用在谁身上、怎么用、用得怎么样等问题。扶贫必须要有精准度，专项扶贫更要瞄准贫困居民，特别是财政专项扶贫资金务必重点用在贫困居民身上，用在正确的方向上。在精准扶贫战略的指导下，要做到"六个精准"，实施"五个一批"，解决好"扶持谁""怎么扶""谁来扶""怎么退"4个问题，确保扶真贫、真扶贫、真脱贫。全面建成小康社会时期的扶贫战略见图6-6。

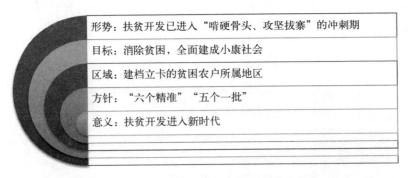

| 形势：扶贫开发已进入"啃硬骨头、攻坚拔寨"的冲刺期 |
| 目标：消除贫困，全面建成小康社会 |
| 区域：建档立卡的贫困农户所属地区 |
| 方针："六个精准""五个一批" |
| 意义：扶贫开发进入新时代 |

图6-6 全面建成小康社会时期的扶贫战略

四、中国扶贫模式的创新与经验

我国大规模的扶贫开发，起于20世纪80年代中期，以国务院扶贫开发领导小组成立为标志，将贫困以及扶贫置于专门的机构之下，进行持续时间较长的扶贫开发。特别是随着《国家八七扶贫攻坚计划（1994—2000年）》《中国农村扶贫开发纲要（2001—2010年）》和"精准扶贫"战略的实施，这些扶贫政策前后相继、不断创新，推动我国扶贫事业取得巨大成就。

（一）健全多层次扶贫体系

我国扶贫开发的基本方针是开发式扶贫、救助式扶贫、保障式扶贫相结合的策略（图6-7）。其中，开发是促发展，救助是救急难，保障是兜底线、保生存。

改革开放以前，我国广大农村地区存在着普遍性贫困，贫困面积广、贫困人口多、贫困程度深，绝对性贫困是这一时期的贫困的显著特征，所谓绝对性

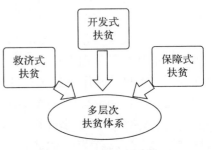

图6-7 多层次扶贫体系

贫困，直接的理解就是缺衣少穿，在这种背景下，救济式扶贫通过直接向贫困人群提供生产和生活所需的粮食、衣物等物资或现金，以帮助贫困人口渡过难关，可以起到最直接的扶贫效果。但是，这种救济式扶贫在扶贫持续开展的过程弊端逐渐显现，这种救济不需要贫困人群付出劳动，不劳而获的思想开始在贫困人群中蔓延，随之而来的则是普遍性的"等、靠、要"懒惰思维，这种"输血式"扶贫带来的依赖思维，反过来更会造成贫困地区人们的不思进取，使扶贫陷入越扶越贫的境地。

针对救济式扶贫战略的弊端，我国实施了开发式扶贫战略，力求变"输血"为"造血"。针对有劳动能力的贫困群体、有开发潜力的贫困地区，可以通过国家扶持和自力更生摆脱贫困的客观实际，提出了开发式扶贫战略。依托贫困地区自然资源和人力资源开发，加强基础设施建设和重点项目带动，实施整村推进、劳动力培训、产业化扶贫、科技扶贫等措施，有效增强了贫困地区的自我发展能力。开发式扶贫实现了国家外部帮扶与贫困地区自我发展相结合，在向贫困地区输入政策、资源的过程中能够有效调动贫困人群的脱贫主动性。

但是，由于我国很多贫困地区自然条件恶劣，自然灾害频发，容易遭受各种意外风险，这种情况下还是需要通过社会救助，将贫困群体于危难、急难中救起。另外，我国许多贫困人口（老、弱、病、残、孤、愚）是不具备劳动能力的弱势人群，需要通过社会保障式来维持其生活。因此，适应不同类型贫困区域和贫困人口的扶贫需要，按照分类指导的原则，构建起了一个更具针对性、科学性的多层次扶贫体系，实现开发、救助、保障的立体结合，是我国扶贫政策创新的重要特征之一，也是我国扶贫开发的重要经验。

（二）构建多主体扶贫格局

自我国正式启动大规模、有组织、有计划的农村扶贫开发进程以来，在发挥政府扶贫开发优势和主导性作用过程中，不断强调市场、社会参与农村扶贫开发的作用和力量，逐渐形成了政府主导、市场参与、社会协同的大扶贫格局（图6-8）。

图6-8 多主体扶贫格局

改革开放以来，伴随市场经济体制的发展完善以及国际组织参与我国减贫的实践，市场组织、社会组织参与减贫，逐渐被纳入国家正式的扶贫制度安排。1994年，《国家八七扶贫攻坚计划（1994—2000年）》明确提出"要在从救济式扶贫到开发式扶贫转变的基础上，实现从封闭式扶贫向开放式扶贫的转变"，以及"实行政府指导、广泛动员社会参与扶贫，鼓励和动员民间组织参与农村扶贫开发"，为市场、社会力量参与扶贫开发奠定了政策基础。

从扶贫整体格局来看。政府以其强大的政治动员能力和资源整合能力在扶贫开发工作中处于主导地位。在反贫困的严峻形势面前，我国政府高瞻远瞩，把扶贫开发作为国民经济和社会发展的重要任务，列入国民经济和社会发展的中长期规划，并且成立了从中央到地方各级的贫困地区经济开发领导小组，专门负责扶贫开发工作，形成了一个以政府为主导、主要依靠行政组织体系、自上而下的管理型治理结构，在资源、政策及扶贫动员宣传方面投入了巨大的人、财、物等资源。市场通过"看不见的手"进行宏观调控和指挥，引导贫困地区经济发展，通过经济增长惠及贫困人口脱贫受益。市场机制的引入一方面解决了贫困者的依赖性，对那些有劳动能力而一味"等、靠、要"，对以政府救济、慰问为生的贫困户来讲，是生动的市场经济意识的培训，通过市场经济意识的灌输，提高扶贫受体脱贫的主动性，调动其自食其力的积极性；另一方面解决了扶贫主体和贫困人口在扶贫开发中的社会地位不平等问题，扶贫主体不是施舍者，而扶贫受体也不是被施舍者，双方在这一社会活动中按市场的价值规律进行等价交换，实现了经济利益的双赢。市场力量参与扶贫，是"授人以渔"的科学扶贫模式。社会组织则以其灵活、高效的优势参与特殊贫困地区及特殊贫困人口的扶贫开发与社会救助[1]。政府、市场、社会力量相互结合、相辅相成，共同促进贫困地区发展以及贫困人口脱贫致富。

（三）实施组合式扶贫政策

在长期的扶贫开发实践中，我国逐渐建立并完善了专项扶贫、行业扶贫、社会扶贫多维度的扶贫战略体系。通过国家安排专门资金、各级扶贫部门组织实施既定项目的专项扶贫，以及各行业部门履行行业职能的行业扶贫和社会各界参与的社会扶贫，从不同角度扩大扶贫资源，提高扶贫开发的效率和水平（图6-9）。

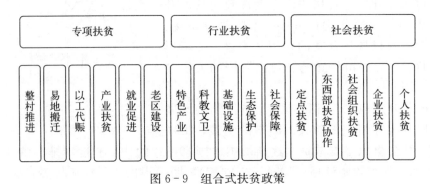

图6-9　组合式扶贫政策

---

① 凌文豪，刘欣. 中国特色扶贫开发的理念、实践及其世界意义 [J]. 社会主义研究，2016（4）.

在专项扶贫方面，重点实施扶贫整村推进、易地搬迁、以工代赈、产业扶贫、就业促进、扶贫试点、老区建设等7个方面工作。在行业扶贫方面，明确部门职责，在发展特色产业、开展科技扶贫、完善基础设施、发展文教事业、改善公共卫生和人口服务、提高社会保障水平、重视能源生态环境建设等7个方面加大支持倾斜力度。在社会扶贫方面，继续加强党政机关和企事业单位定点扶贫、推进东西部扶贫协作、鼓励社会组织参与扶贫、动员企业和社会各界参与扶贫工作。通过整合多种资源，充分调动发挥政府、行业、群众、社会各方面作用，真正形成以政府为主导、部门主要帮扶、社会主动参与、社会各方面关注的扶贫战略体系。

贫困问题的复杂性决定了扶贫开发是一个系统性、综合性工程，尤其是伴随我国贫困现状发生转变，扶贫开发已不再是单纯的收入增长问题，也与经济社会的整体紧密相连。组合式扶贫政策能够最大限度地聚合政府、市场和社会的力量，也能在尽可能多的方面介入贫困治理领域中，实现扶贫力量的多元化、扶贫领域的分类化和扶贫效果的整体提升。

（四）实施精准化扶贫战略

长期以来，以市场主体为牵引的经济增长为农村持续大规模减贫，提供了强劲动力，进入经济增长新常态后，经济发展带动减贫效果逐步弱化。与此同时，贫困治理困境更为凸显，贫困固化趋势增强，现有剩余贫困人口中，存在贫困程度深、致贫原因复杂、自我发展能力弱、返贫现象突出等问题。这些贫困人口较难通过经济增长带动实现脱贫，政府传统扶贫治理方式效果已经十分有限。党的十八大以来，以习近平同志为核心的党中央高度重视扶贫开发工作，把扶贫开发摆到治国理政的重要位置，上升到事关全面建成小康社会、实现第一个百年奋斗目标的新高度。打赢脱贫攻坚战，消除绝对贫困，实现现行标准下农村贫困人口全部脱贫，贫困县全部摘帽，解决区域性整体贫困，是全面建成小康社会的底线任务。

正是基于此，习近平总书记提出"精准扶贫"思想，其核心就是从实际出发，找准扶贫对象，摸清致贫原因，因地制宜，分类施策，开展针对性帮扶，实现精准扶贫、精准脱贫，就是要求实施精细化的扶贫方式，从扶贫机制上由主要依赖经济增长的"涓滴效应"到更加注重"靶向性"对目标人群直接加以扶贫干预的动态调整。在扶贫实践中精准扶贫具化为"六个精准""五个一批"的精准扶贫政策，明确了"扶持谁""谁来扶""怎么扶""如何退"的问题（图6-10）。

党的十九大报告中提出要"坚持精准扶贫、精准脱贫……坚持大扶贫格局，注重扶贫同扶志、扶智相结合，深入实施东西部扶贫协作……确保到

2020 年我国现行标准下农村贫困人口实现脱贫，贫困县全部摘帽，解决区域性整体贫困，做到脱真贫、真脱贫。"

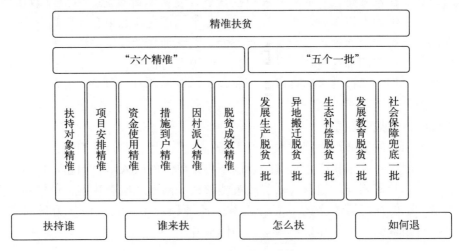

图 6-10　精准扶贫政策

在精准扶贫政策体系中，"六个精准"指明了扶贫的方向和着力点，"五个一批"指明了扶贫的重点任务，"扶持谁、谁来扶、怎么扶、如何退"阐述了创新扶贫的体制机制。精准扶贫还为国际减贫贡献思想价值：一是以实施综合性扶贫策略回应发展中国家贫困问题的复杂化和艰巨性；二是发挥政府在减贫中的主导作用，以回应全球经济增长带动减贫弱化的普遍趋势；三是自上而下与自下而上相结合的贫困识别机制，解决了贫困瞄准的世界难题。

当前我国扶贫开发已进入最后的攻坚决战期，在总结梳理扶贫开发理念、政策、战略、模式的基础上，不断推进扶贫制度创新，持续完善扶贫政策，必将推动扶贫开发取得更大成就，加快全面建成小康社会的步伐。

第七章　习近平总书记关于扶贫工作的重要论述

党的十八大以来，习近平总书记高度重视扶贫开发工作，发表了一系列关于扶贫开发的新思想、新观点、新要求，形成了我国新时期扶贫开发战略思想。习近平总书记关于扶贫工作的重要论述是一个体系，内涵极其丰富，是我国扶贫开发工作的科学指南和根本遵循。

习近平总书记关于扶贫开发战略定位、战略重点、总体思路、基本方略、工作要求以及方式方法等一系列深刻而具体的论述，形成了系统的扶贫思想。这些思想是习近平总书记治国理政思想的重要组成部分，充分体现了中国特色扶贫开发道路的理论创新和实践创新，体现了马克思主义世界观和方法论，是中国特色社会主义理论体系的重要组成部分和新发展。

一、习近平总书记关于扶贫工作的重要论述的形成

党的十八大以来，以习近平同志为核心的党中央把扶贫开发摆到治国理政的重要位置，提升到事关全面建成小康社会、实现第一个百年奋斗目标的新高度，纳入经济社会发展全局进行决策部署。早在 20 世纪 80 年代后期，习近平在闽东调查就对贫困问题进行了关注，认为与发达以地区相比，贫困地区好比一只"弱鸟"，并提出了"地方贫困，观念不能贫困""弱鸟可望先飞，至贫可能先富"等贫困思想。2012 年，党的十八大闭幕后不久，习近平总书记就到革命老区河北阜平，进村入户看真贫，提出了"两个重中之重"（"三农"工作是重中之重，革命老区、民族地区、边疆地区、贫困地区在"三农"工作中要把扶贫开发作为重中之重）、"三个格外"（对困难群众要格外关注、格外关爱、格外关心）、科学扶贫、内生动力等重要思想。2013 年 11 月习近平总书记在湖南湘西考察时，首次提出"精准扶贫"。2014 年 10 月在首个"扶贫日"

之际，习近平总书记作出重要批示，第一次提出了扶贫应"注重精准发力"，在已经公开的资料中，这是习近平总书记论述扶贫时第一次用到"精准"两字。2014年11月1~2日在苏区老区进行调研后，习近平总书记明确指出，当年苏区老区人民为了革命和新中国不惜流血牺牲，这些地区部分还比较贫困，要通过领导联系、山海协作、对口帮扶，加快科学扶贫和精神扶贫，办好教育、就业、医疗、社会保障等民生实事，支持和帮助贫困地区和贫困群众尽快脱贫致富奔小康，决不能让苏区老区掉队。这是习近平总书记第一次提出中国的扶贫开发应改变扶贫方式，应由过去的"大水漫灌"向精准扶贫转变。2015年3月8日，习近平总书记在参加十二届全国人大三次会议广西代表团审议时的讲话中再次指出："要把扶贫攻坚抓紧抓准抓到位，坚持精准扶贫"，认为扶贫攻坚的关键在于"抓紧""抓准"和"抓到位"，在于坚持"精准扶贫"。2015年6月18日，习近平总书记再次深入到贫困面最广、贫困程度最深的贵州进行调研，并在贵州召开了部分省区市党委主要负责同志座谈会。在这次座谈会上，习近平总书记发表了重要讲话，他指出，扶贫攻坚工作要在"精准扶贫、精准脱贫上下更大功夫"。习近平总书记在这次座谈会上的论述比之前更深入，扶贫工作不仅要精准扶贫，而且还要精准脱贫。

2016年4月习近平总书记在安徽金寨考察时指出："因病致贫、因残致贫问题时有发生，扶贫机制要进一步完善兜底措施，在医保、新农合方面给予更多扶持""坚持精准扶贫，认真落实每一个项目、每一项措施，全力做好脱贫攻坚工作，以行动兑现对人民的承诺""打好扶贫攻坚战，要采取稳定脱贫措施，建立长效扶贫机制，把扶贫工作锲而不舍抓下去"。2016年7月20日在银川召开东西部扶贫协作座谈会上，习近平总书记指出扶贫开发要"明确重点，精准聚焦"。习近平总书记的这些论述，进一步完善、丰富了他的精准扶贫思想。

2016年7月后，习近平总书记先后主持召开中央财经领导小组会议、中央政治局常委会议、中央政治局会议研究脱贫攻坚工作；10月，在党的十八届五中全会上习近平总书记亲自就"十三五"规划建议作说明，把脱贫攻坚作为重点说明的问题；在10月16日减贫与发展高层论坛会议上习近平总书记发表重要讲话，深刻阐述了中国共产党和中国政府的主张和部署；11月，在中央扶贫开发工作会议上习近平总书记发表重要讲话，系统阐述"六个精准""五个一批""四个问题"等重要思想，进一步完善了精准扶贫、精准脱贫的基本方略，全面部署"十三五"脱贫攻坚工作。2016年，习近平总书记在新年贺词和考察重庆、江西和安徽及视察中央新闻单位、出席全国"两会"等多个重要场合，继续高位推进，要求横下一条心，加大力度，加快速度，加紧进度，齐心协力打赢脱贫攻坚战。

习近平总书记深刻指出："扶贫开发推进到今天这样的程度，贵在精准，重在精准，成败之举在于精准。搞大水漫灌、走马观花、大而化之、'手榴弹炸跳蚤'不行。""总结各地实践和探索，好路子好机制的核心就是精准扶贫、精准脱贫，做到扶持对象精准、项目安排精准、资金使用精准、措施到户精准、因村派人精准、脱贫成效精准。""扶贫开发成败系于精准，要找准'穷根'、明确靶向，量身定做、对症下药，真正扶到点上、扶到根上。脱贫摘帽要坚持成熟一个摘一个，既防止不思进取、等靠要，又防止揠苗助长、图虚名。""要增加资金投入和项目支持，实施精准扶贫、精准脱贫，因乡因族制宜、因村施策、因户施法，扶到点上、扶到根上。""要把精准扶贫、精准脱贫作为基本方略。"这些论述体现了党的十八大以来中央对扶贫开发工作的新部署新要求，体现了现阶段我国扶贫战略最突出的特征，是对过去不精准扶贫工作方式方法的根本性改革，旨在进一步提高脱贫攻坚的精准度、有效性。

习近平总书记最先提出精准扶贫概念，在多个重要场合阐述精准扶贫的内涵、要求、路径、保障措施并不断丰富发展，形成了精准扶贫、精准脱贫方略，成为我国扶贫开发的指导思想。这是我国扶贫开发方式的重大转变，其根本目的就是确保党和政府的政策实惠落到贫困群众身上，确保贫困地区、贫困群众尽快实现稳定脱贫的目标。精准扶贫、精准脱贫是一个系统工程，对象精准是前提和基础，项目、资金、措施、派人精准是措施和手段，成效精准是目标和落脚点，只有每个环节、每个步骤都精准，才能见到实效，才能实现精准脱贫。这一思想既是扶贫工作总的指导思想，也是扶贫工作总的工作原则、工作要求，体现的是精准性、实效性原则。精准扶贫、精准脱贫就是要真正把精准理念落到实处，变"大水漫灌"为"精准滴灌"，切实解决"扶持谁、谁来扶、怎么扶、如何退"的问题。

二、习近平总书记关于扶贫工作的重要论述的理论基础

（一）社会主义本质论

社会主义从诞生之日起，便把消除贫困、实现社会公正作为自己的理想，马克思主义更是指出了实现这一理想的现实道路，从而将社会主义从空想变成科学，并付诸伟大的社会实践。邓小平提出社会主义本质理论，始终将共同富裕视为社会主义的根本特征和价值追求。

习近平总书记指出，扶贫开发要始终以消除贫困为首要任务，以改善民生为基本目的，以实现共同富裕为根本方向，坚定不移地推进我国扶贫开发事业，从而充分体现社会主义制度的优越性。我国是社会主义国家，消除贫困，改善民生，实现共同富裕，是党和政府的重要使命。中华人民共和国成立以

来，我国一直高度重视减贫工作。可以说，社会主义建设发展史，从本质上说就是消除贫困、改善民生、实现共同富裕的历史，扶贫开发一直伴随着我国社会主义建设和改革开放，现在我国扶贫开发已经从解决温饱为主要任务的阶段转入巩固温饱成果、加快脱贫致富、改善生态环境、提高发展能力、缩小发展差距的新阶段。当前，我国面临扶贫开发工作依然艰巨而繁重，已进入啃硬骨头、攻坚拔寨的冲刺期，减贫难度越来越大。我国面临的发展阶段决定了必须高度重视扶贫开发工作，这是社会主义本质属性、应有之义。

习近平总书记多次指出："消除贫困、改善民生、实现共同富裕，是社会主义的本质要求，是我们党的重要使命。""贫穷不是社会主义。如果贫困地区长期贫困，面貌长期得不到改变，群众生活长期得不到明显提高，那就没有体现我国社会主义制度的优越性，那也不是社会主义。""做好扶贫开发工作，支持困难群众脱贫致富，帮助他们排忧解难，使发展成果更多更公平惠及人民，是我们党坚持全心全意为人民服务根本宗旨的重要体现，也是党和政府的重大职责。""得民心者得天下。从政治上说，我们党领导人民开展了大规模的反贫困工作，巩固了我们党的执政基础，巩固了中国特色社会主义制度。"这些论述表明，做好扶贫开发工作，支持困难群众脱贫致富，帮助他们排忧解难，使发展成果更多更公平惠及人民，并不是一项一般性的工作，而是体现着社会主义的根本价值追求和奋斗理想，是社会主义的题中应有之义。

全面建成小康社会，最艰巨最繁重的任务在农村、特别是在贫困地区。没有农村的小康，特别是没有贫困地区的小康，就没有全面建成小康社会。大家要深刻理解这句话的含义。因此，要提高对做好扶贫开发工作重要性的认识，增强做好扶贫开发工作的责任感和使命感。

——2012年12月29～30日习近平在河北省阜平县考察扶贫开发工作时的讲话

习近平总书记关于扶贫开发是社会主义本质要求的思想，是对马克思主义价值观的坚守和捍卫，更是对它的发展。因为，扶贫开发战略是将这种理想追求具体化、可操作化，实实在在地接地气、聚人气、得人心。同时，扶贫开发也是解决我国改革开放过程中遇到的新问题、新困难的重大举措。近年来，习近平总书记不止一次深情地讲到，中华人民共和国成立前，我们党是靠领导农民"打土豪、分田地"夺取政权的，让人民翻身解放做了主人。今天，我们党就是要带领人民"脱贫困、奔小康"，让农民过上好日子。只有让大量贫困人口摆脱贫困，过上体面而有尊严的生活，才能焕发出蕴藏在他们身上的巨大活力，为中国特色社会主义事业注入进一步改革发展的动力，才能进一步增强中国特色社会主义的凝聚力和向心力，增强和夯实党执政为民的社会基础和群众基础。说到底，扶贫开发搞得好不好，会影响到"四个全面"战略布局的实施，影响到两个百年目标中国梦的进程。

（二）共同富裕论

共同富裕是中国特色社会主义的本质规定、奋斗目标和根本原则，也是中国特色社会主义理论体系中的重要基石。中共十八大会议重申，中国必须坚持走共同富裕道路。偏离了共同富裕原则的导向，中国特色社会主义理论体系的基础就不复存在。共同富裕是习近平总书记关于扶贫工作的重要论述产生的理论基础，共同富裕是中国特色社会主义的本质要求，偏离了共同富裕原则的导向，中国特色社会主义理论体系的基础就不复存在。2015 年 11 月 27～28 日，中央扶贫开发工作会议在北京召开，习近平总书记出席会议并发表重要讲话，并指出："消除贫困、改善民生、逐步实现共同富裕是社会主义的本质要求，是我们党的重要使命"。2016 年 2 月 2 日习近平总书记在江西井冈山市茅坪乡神山村考察时指出："在扶贫的路上，不能落下一个贫困家庭，丢下一个贫困群众"。

习近平总书记关于扶贫工作的重要论述是共同富裕思想的具体化，使社会主义共同富裕这一原则具有操作性，使扶贫工作对象更为明确，定位更为清晰。而要实现共同富裕，重点在农村、困难也在农村。

> 我们要清醒地认识到，当前我国脱贫攻坚形势依然严峻。截至去年底，全国仍有 7 000 多万农村贫困人口。"十三五"期间脱贫攻坚的目标是，到 2020 年稳定实现农村贫困人口不愁吃、不愁穿，农村贫困人口义务教育、基本医疗、住房安全有保障；同时实现贫困地区农民人均可支配收入增长幅度高于全国平均水平、基本公共服务主要领域指标接近全国平均水平。脱贫攻坚已经到了啃硬骨头、攻坚拔寨的冲刺阶段，必须以更大的决心、更明确的思路、更精准的举措、超常规的力度，众志成城实现脱贫攻坚目标，决不能落下一个贫困地区、一个贫困群众。
>
> ——2015 年 11 月 27～28 日习近平在中央扶贫开发工作会议上的讲话

（三）小康社会论

"全面建成小康社会"宏伟目标是精准扶贫思想产生的现实需求。在 2020年完成"全面建成小康社会"的宏伟目标，是中共十八大根据我国经济社会实际做出的重大决策，将为中华民族的伟大复兴奠定坚实基础。如果说"全面小康与中国梦相互激荡，凝聚为全社会的'最大公约数'"，那么，扶贫、脱贫则是全面小康的"最后一公里"。习近平总书记多次强调："小康不小康，关键看老乡，关键在贫困的老乡能不能脱贫。""全面建成小康社会、实现第一个百年奋斗目标，农村贫困人口全部脱贫是一个标志性指标。""全面建成小康社会，关键是要把经济社会发展的'短板'尽快补上，否则就会贻误全局。全面建成小康社会，最艰巨的任务是脱贫攻坚，最突出的短板在于农村还有 7 000 多万贫困人口。""必须动员全党全国全社会力量，向贫困发起总攻，确保到 2020年所有贫困地区和贫困人口一道迈入全面小康社会"。这些论述深刻指出，全面建成小康社会，不仅要从总体上、总量上实现小康，更重要的是让农村和贫困地区尽快赶上来，逐步缩小这些地区同发达地区的差距，让小康惠及全体人民。这是实现全面建成小康社会目标的现实需要，更是社会主义共同富裕目标的基础和前提。

习近平总书记关于农村贫困人口脱贫是全面建成小康社会最艰巨任务的重要论述，将扶贫开发工作置于全面建成小康社会的战略布局中加以论述，既点明了扶贫开发工作的重要性，也强调了扶贫开发工作的紧迫性。全面建成小康社会最艰巨最繁重的任务在农村，特别是在贫困地区。扶贫开发已进入啃硬骨头、攻坚拔寨的冲刺期。形势逼人，形势不等人。这一思想要求贫困地区各级党委和政府要把扶贫工作摆到更加突出的位置，把脱贫作为全面建成小康社会的底线目标，对未来脱贫攻坚的艰巨性、复杂性、紧迫性有清醒认识和充分准备，从而进一步增强做好扶贫开发工作的紧迫感，以更加明确的目标、更加有力的举措、更加有效的行动打好扶贫攻坚战，确保贫困地区同全国一道进入小康社会。

抓扶贫开发，中央有明确部署，这里我讲三句话。一是要紧紧扭住发展这个促使贫困地区脱贫致富的第一要务，立足资源、市场、人文旅游等优势，因地制宜找准发展路子，既不能一味等靠、无所作为，也不能"捡进篮子都是菜"，因发展心切而违背规律、盲目蛮干，甚至搞劳民伤财的"形象工程""政绩工程"。二是要紧紧扭住包括就业、教育、医疗、文化、住房在内的农村公共服务体系建设这个基本保障，编织一张兜住困难群众基本生活的安全网，坚决守住底线。三是要紧紧扭住教育这个脱贫致富的根本之策，再穷不能穷教育，再穷不能穷孩子，务必把义务教育搞好，确保贫困家庭的孩子也能受到良好的教育，不要让孩子们输在起跑线上。

——2013 年 11 月 26 日习近平同菏泽市及县区主要负责同志座谈时的讲话

（四）人类命运共同体论

习近平总书记在多个场合说："中国是世界上最大的发展中国家，一直是世界减贫事业的积极倡导者和有力推动者。改革开放 30 多年来，中国人民积极探索、顽强奋斗，走出了一条中国特色减贫道路。""消除贫困是人类的共同使命。中国在致力于自身消除贫困的同时，始终积极开展南南合作，力所能及向其他发展中国家提供不附加任何政治条件的援助，支持和帮助广大发展中国家特别是最不发达国家消除贫困。""中国将发挥好中国国际扶贫中心等国际减贫交流平台作用，提出中国方案，贡献中国智慧，更加有效地促进广大发展中国家交流分享减贫经验。""维护和发展开放型世界经济，推动建设公平公正、包容有序的国际经济金融体系，为发展中国家发展营造良好外部环境，是消除贫困的重要条件。""加强同发展中国家和国际机构在减贫领域的交流合作，是我国对外开放大局的重要组成部分。""在国际减贫领域积极作为，树立负责任大国形象，这是大账。要引导广大干部群众正确认识和看待这项工作。"这些论述充分展现了习近平总书记作为大国领袖的全球视野和宽广胸怀，为做好国内扶贫工作的同时，为如何推进国际减贫合作，发挥扶贫软实力在树立大国形象、增强我国在全球治理中的话语权中的特殊作用，明确了目标，指明了方向。

习近平总书记关于共建一个没有贫困的命运共同体的思想，深刻阐述了以下内涵：中国的减贫成就彰显了"三个自信"（道路自信、理论自信和制度自信），是国家重要的软实力；开展减贫合作能够有效彰显中国人民重友谊、负责任、讲信义，能够充分呈现中华文化历来具有扶贫济困、乐善好施、助人为乐的优良传统；全球减贫需要更加有效地合作，需要发展和减贫协同推进；以减贫合作来推进扶贫外交具有重要和深远的意义。

三、习近平总书记关于扶贫工作的重要论述的主要内容

（一）科学扶贫思想

1. **通过发展解决贫困的思想**　习近平总书记指出："推进扶贫开发、推动经济社会发展，首先要有一个好思路、好路子。""继续加大贫困地区基础设施建设力度。""治贫先治愚，扶贫先扶智。教育是阻断贫困代际传递的治本之策。""抓好教育是扶贫开发的根本大计。""把贫困地区孩子培养出来，这才是根本的扶贫之策。""要因地制宜，发展特色经济，不要在贫困地区大搞不符合当地实际的项目。""对居住在'一方水土养不起一方人'地方的贫困人口，要实行易地搬迁。""扶贫开发要与生态环境保护相结合。"这些论述提示我们，

理清思路、找准路子是做好扶贫开发工作的基础和前提。而理清思路、找准路子，必须坚持从实际出发，因地制宜，找准突破口。在具体扶贫开发的路径选择上，如加大贫困地区基础设施建设力度，抓好贫困地区教育，大力发展贫困地区特色经济，做好移民搬迁扶贫工作，扶贫开发与生态环境保护相结合，编织好社会安全网等重要论断，都为提高扶贫开发工作指明了方向，提供了指南。

习近平总书记关于科学扶贫的重要论述，是从提高扶贫工作科学性的角度出发，阐述了扶贫开发的总体思路和实现途径，体现出党和国家领袖对国家现状的深入了解，对历史经验教训的深刻总结，对现实做深入细致思考后的务实选择。发展是甩掉贫困帽子的总办法，科学扶贫是科学发展的一种具体体现。而科学扶贫就是要在转方式、调结构、惠民生的方针指导下，遵循经济发展规律、社会发展规律和自然规律推进综合扶贫开发；就是要坚持因地制宜、科学规划、分类指导、因势利导，能做什么就做什么，绝不蛮干，绝不搞表面工作，一定要从实际出发，真正使老百姓得到实惠；要"把扶贫开发同做好农业、农村、农民工作结合起来，同发展基本公共服务结合起来，同保护生态环境结合起来，向增强农业综合生产能力和整体素质要效益。"

> 发展是甩掉贫困帽子的总办法，贫困地区要从实际出发，因地制宜，把种什么、养什么、从哪里增收想明白，帮助乡亲们寻找脱贫致富的好路子。要切实办好农村义务教育，让农村下一代掌握更多知识和技能。抓扶贫开发，既要整体联动、有共性的要求和措施，又要突出重点、加强对特困村和特困户的帮扶。脱贫致富贵在立志，只要有志气、有信心，就没有迈不过去的坎。
>
> ——2013 年 11 月 3～5 日习近平在湖南考察时的讲话

2. 扶贫体制机制创新思想 "贫困地区要把提高扶贫对象生活水平作为衡量政绩的主要考核指标"。改革创新扶贫开发体制机制特别是考核机制，对贫困县由主要考核地区生产总值向主要考核扶贫开发工作成效转变，引导贫困地区党政领导班子和领导干部把工作重点放在扶贫开发上。一是创新贫困地区干部考核方式。2014 年中组部、国务院扶贫办印发《关于改进贫困县党政领导班子和领导干部经济社会发展实绩考核工作的意见》，明确贫困县主要考核扶贫工作。考核指挥棒的这样调整，必将引导贫困地区领导干部，把工作重点转到扶贫开发上来。二是切实落实领导责任。习近平总书记强调："要强化扶贫开发工作领导责任制，把中央统筹、省负总责、市（地）县抓落实的管理体制，片为重点、工作到村、扶贫到户的前沿理论工作机制，党政一把手负总责的扶贫开发工作责任制，真正落到实处。"

要坚持精准扶贫、精准脱贫，重在提高脱贫攻坚成效。关键是要找准路子、构建好的体制机制，在精准施策上出实招、在精准推进上下实功、在精准落地上见实效。要解决好"扶持谁"的问题，确保把真正的贫困人口弄清楚，把贫困人口、贫困程度、致贫原因等搞清楚，以便做到因户施策、因人施策。要解决好"谁来扶"的问题，加快形成中央统筹、省（自治区、直辖市）负总责、市（地）县抓落实的扶贫开发工作机制，做到分工明确、责任清晰、任务到人、考核到位。

　　——2015 年 11 月 27～28 日习近平在中央扶贫开发工作会议上的讲话

　　3. 绿色扶贫思想　建设生态文明是关系人民福祉、关乎民族未来的大计，是实现中华民族伟大复兴中国梦的重要内容。2013 年 5 月，习近平总书记在中央政治局第六次集体学习时指出："要正确处理好经济发展同生态环境保护的关系，牢固树立保护生态环境就是保护生产力、改善生态环境就是发展生产力的理念。"2013 年 9 月 7 日，习近平总书记在哈萨克斯坦纳扎尔巴耶夫大学发表演讲并回答学生们提出的问题，在谈到环境保护问题时他指出："我们既要绿水青山，也要金山银山。宁要绿水青山，不要金山银山，而且绿水青山就是金山银山；绿水青山既是自然财富，又是社会财富、经济财富。"

　　4. 廉洁扶贫思想　习近平指出："我不满意，甚至愤怒的是，一些扶贫款项被各级截留，移作他用。扶贫款项移作他用，就像救灾款项移作他用一样，都是犯罪行为。还有骗取扶贫款的问题。对这些乱象，要及时发现、及时纠正，坚决反对、坚决杜绝。""惠民资金、扶贫资金等关系千家万户，绝不允许任何人中饱私囊，对贪污挪用的不管涉及谁，发现一起、查处一起，绝不姑息。""扶贫资金是贫困群众的'救命钱'，一分一厘都不能乱花，更容不得动手脚、玩猫腻！要加强扶贫资金阳光化管理，加强审计监管，集中整治和查处扶贫领域的职务犯罪，对挤占挪用、层层截留、虚报冒领、挥霍浪费扶贫资金的，要从严惩处！"这些论述表明，帮助贫困地区改变落后面貌，帮助贫困群众实现"两不愁三保障"目标，需要加大扶贫投入。扶贫资金是国家为了帮助贫困地区贫困群众摆脱贫困而安排的特殊投入，在一定程度上是贫困群众的"救命钱"，不仅要用在贫困地区贫困群众身上，还要用好、用出成效。

　　习近平总书记关于廉洁扶贫、阳光扶贫的思想，要求要始终把纪律和规矩放在前面，不断完善制度，加强监管，坚决惩治和预防扶贫领域违纪违法行为。要改革财政扶贫资金使用管理机制，完善扶贫资金项目公告公示制度，建立健全贫困群众全程参与扶贫资金使用管理，项目实施、管理、监测、验收，发挥媒体监督、第三方评估的作用，确保扶贫资金使用、扶贫项目实施过程公开透明，确实做到阳光化管理。

5. **坚持发挥政治优势和制度优势的思想** 习近平总书记明确要求："凡是有脱贫攻坚任务的党委和政府，都必须倒排工期、落实责任，抓紧施工、强力推进。特别是脱贫攻坚任务重的地区党委和政府要把脱贫攻坚作为'十三五'期间头等大事和第一民生工程来抓，坚持以脱贫攻坚统揽经济社会发展全局。""要层层签订脱贫攻坚责任书、立下军令状。""要建立年度脱贫攻坚报告和督查制度，加强督查问责，把导向立起来，让规矩严起来。""省对市地、市地对县、县对乡镇、乡镇对村都要实行这样的督查问责办法，形成五级书记抓扶贫、全党动员促攻坚的局面。""对贫困县党政负责同志的考核，要提高减贫、民生、生态方面指标的权重，把党政领导班子和领导干部的主要精力聚焦到脱贫攻坚上来。""要把贫困地区作为锻炼培养干部的重要基地""把脱贫攻坚实绩作为选拔任用干部的重要依据"。这些论述表明，始终坚持党对脱贫攻坚的领导，充分发挥社会主义集中力量办大事的制度优势，这是最大的政治优势和制度优势，也是扶贫开发取得伟大成就的根本经验，是打赢脱贫攻坚战的根本保障。

（二）精准扶贫、精准脱贫思想

习近平精准扶贫、精准脱贫思想形成了一个科学的理论体系，这一科学体系可以从以下几个方面去理解。

1. **精准识别** 精准识别是精准扶贫工作的前提和基础，没有精准识别，也就不可能有精准扶贫。

做好扶贫工作，前提在于什么地方是贫困的，什么地方是需要扶贫的。在将地区识别清楚之后，还在于即使在贫困地区，既有贫困农户、贫困人口，也有比较富裕的家庭、比较富裕的人口。因此，还要识别清楚哪些家庭需要扶贫、哪些人口需要扶贫。只有精确把握清楚这些情况才能针对不同家庭、不同人口进行扶贫。要做好精准识别工作，必须深入农村、深入农户进行调查，了解农户的贫困情况，了解他们的需求。对此，习近平总书记指出：要"常去贫困地区走一走，常到贫困户家里坐一坐，常同困难群众聊一聊""做好精准扶贫，建档立卡制度要坚持，依靠群众精准找到和帮助贫困户"，只有这样，才能做好精准识别，才能找准病因。

2. **精准帮扶** 识别出贫困村庄、贫困农户只是精准扶贫工作的起点，要让贫困村庄退出，要让贫困农户增收致富，关键还在于精准帮扶。习近平总书记不仅多次谈到精准帮扶的重要性，而且对如何进行精准帮扶进行了科学论述。

什么是精准帮扶？习近平总书记借用医学上的"对症下药""靶向治疗"和现代农业中的"精准滴灌"解释和说明。在习近平总书记看来，所谓"精准帮扶"，就是要"因人因地施策，因贫困原因施策，因贫困类型施策，区别不同情况，做到对症下药、精准滴灌、靶向治疗"。

　　所谓"对症下药"，就是在找准不同村庄、不同农户的贫困原因之后，针对致贫原因，采取相应对策。与"大水漫灌"式扶贫不一样，所谓"精准滴灌"，就是这些贫困村庄、贫困农户需要多少扶贫资源才能够走向致富之路，就配置多少资源，既不多配置，也不少配置。所谓"靶向治疗"就是扶持的是真正需要扶贫的村庄和农户，不会让一个贫困村庄、一个贫困农户得不到扶持，也不会让一个非贫困村庄、已经脱贫的农户占用扶贫资源。习近平总书记指出："产业合作、劳务协作、人才支援、资金支持都要瞄准建档立卡贫困人口脱贫精准发力"。2016 年 7 月 20 日在银川召开的东西部扶贫协作座谈会上，习近平总书记强调指出："把帮扶资金和项目重点向贫困村、贫困群众倾斜，扶到点上、扶到根上"。扶贫只有扶到点、扶到根上，才能够让贫困地区、贫困农户真正脱贫、真正富裕。

　　3. 精准退出　精准扶贫的目标在于通过扶持，让贫困家庭和贫困人口不再贫困。因此，通过政府和社会扶贫之后已经摆脱贫困的县、乡镇、村庄及贫困家庭、贫困人口退出贫困，不仅是精准扶贫的重要目标，而且还可以让新增扶贫资源用于还处于贫困的地区、贫困家庭和贫困人口，让增量扶贫资源发挥最大边际效率，以实现 2020 年按照现有贫困标准，让所有贫困地区、贫困家庭和贫困人口退出贫困。

　　4. 精准管理　要做到精准识别、精准帮持和精准退出，就必须进行精准管理。与粗放式扶贫时期的管理不一样，实施精准扶战略对扶贫管理提出了更高要求。精准管理是扶贫管理的一次大飞跃，要求引用科学管理理念和方法，从扶贫对象识别、致贫原因分析、帮扶内容、项目安排、项目实施至扶贫效果、退出等全过程，建立科学的管理体系。

　　5. 创新精准扶贫的体制机制　为使精准扶贫战略落到实处，除了做好总体设计之外，关键还在于要有好的体制机制，使精准扶贫战略能够落地。2015 年 11 月 27～28 日，在中央扶贫开发工作会议上习近平总书记指出："关键是要找准路子、构建好的体制机制，在精准施策上出实招、在精准推进上下实功、在精准落地上见实效"。习近平总书记不仅强调体制机制创新的重要性，而且就如何构建相应的体制机制进行了论述。一是实行精准扶贫责任制，层层签订责任状，目标任务层层分解、层层落实，倒排工期。二是实施"四个一批"的扶贫攻坚行动计划，有效推进精准扶贫工作。三是全社会参与的大扶贫机制。对此，习近平总书记指出："扶贫开发是全党全社会的共同责任，要动员和凝聚全社会力量广泛参与。要坚持专项扶贫、行业扶贫、社会扶贫等多方力量、多种举措有机结合和互为支撑的"三位一体"大扶贫格局"。只有形成全社会参与的大扶贫格局，整合社会各类主体形成联动效应，与被帮扶对象结成紧密关系，形成"一对一""多对一""一对多"和"多对多"的联动结对帮扶机制，才能整合扶贫资源，解决贫困问题。

（三）内源扶贫思想

"推进扶贫开发、推动经济社会发展，首先要有一个好思路、好路子。要坚持从实际出发，因地制宜，理清思路、完善规划、找准突破口。"

习近平总书记实际上提出了培育内生外生动力同时扶贫的思想。一是因地制宜发展。习近平总书记在宁德工作时就提出，"要使弱鸟先飞，飞得快、飞得高，必须探讨一条因地制宜发展经济的路子"。党的十八大后，习近平总书记又进一步完善了这一思想，他指出："实现脱贫致富，不仅要解放思想，更要把握方向、找对路子"。实践证明，贫困地区只要立足实际，找准主攻方向，发挥好比较优势，完全可以加快发展。二是增强扶贫外生前沿理论动力。不让贫困代代相传，要改变贫困地区、贫困人口的生存发展环境，加快水电路房等基础设施建设，实现基本公共服务主要指标接近全国平均水平。要发展学前教育，确保实现义务教育，强化职业教育，努力提高贫困人口的基本技能，使贫困地区、贫困家庭劳动力更好地融入工业化、城镇化过程。三是增强扶贫内生动力。习近平总书记指出："贫困地区发展要靠内生动力，如果凭空救济出一个新村，简单改变村容村貌，内在活力不行，劳动力不能回流，没有经济上的持续来源，这个地方下一步发展还是有问题"。要通过组织贫困人口参与扶贫项目的决策、实施和监督，提高自我组织、自我发展的能力，增强造血功能，增强内生动力和发展活力。

> 治贫先治愚。要把下一代的教育工作做好，特别是要注重山区贫困地区下一代的成长。下一代要过上好生活，首先要有文化，这样将来他们的发展就完全不同。义务教育一定要搞好，让孩子们受到好的教育，不要让孩子们输在起跑线上。古人有"家贫子读书"的传统。把贫困地区孩子培养出来，这才是根本的扶贫之策。
> ——2012年12月29~30日习近平在河北省阜平县考察扶贫开发工作时的讲话

习近平总书记多次讲道："脱贫致富贵在立志，只要有志气、有信心，就没有迈不过去的坎。""脱贫致富终究要靠贫困群众用自己的辛勤劳动来实现。""树立'宁愿苦干、不愿苦熬'的观念，自力更生，艰苦奋斗，靠辛勤劳动改变贫困落后面貌。""扶贫既要富口袋，也要富脑袋。要坚持以促进人的全面发展的理念指导扶贫开发，丰富贫困地区文化活动，加强贫困地区社会建设，提升贫困群众教育、文化、健康水平和综合素质，振奋贫困地区和贫困群众精神风貌。"扶贫开发，要给钱给物，更要建个好支部"。这些重要论述深刻指出，由于自然、历史等原因，贫困地区发展面临许多困难和问题，国家要继续加大支持、加大投入。同时，内因才是事物变化的依据，摆脱贫困首要意义并不仅仅是物质上的脱贫，还在于摆脱意识和思路的贫困。扶贫开发最为重要的是，要充分调动群众的积极性和主动性，增强群众战胜困难的信心，激发内生动力，提高自我发展能力，变"输血"为"造血"。

习近平总书记关于内源扶贫的重要论述，深入阐述了激发内生动力的工作方向和重点。外因是变化的条件，内因是变化的根据，外因通过内因而起作用。贫困地区的发展、扶贫开发工作要特别尊重贫困群众的主体地位和首创精神，把激发扶贫对象的内生动力摆在突出位置。扶贫先扶智，要加强对贫困群众的思想发动，把教育作为扶贫开发的治本之策。把加强贫困村基层组织建设、发展村级集体经济、推进扶贫对象的组织化列为扶贫开发的重要内容。充分发挥驻村第一书记、工作队的作用，把贫困群众的积极性调动起来，把他们自力更生的精神激发出来，不断提高他们共享发展成果的能力。这一思想要求，要坚持人民群众的主体地位，进一步处理好贫困地区发展既要靠外部支持更要靠内生动力的关系，进一步重视激发贫困地区贫困群众内生动力，并不断提高贫困地区贫困群众的自我发展能力，帮助贫困群众靠自己双手改变命运、实现人生出彩。

（四）社会扶贫思想

习近平总书记多次强调："'人心齐，泰山移'。脱贫致富不仅仅是贫困地区的事，也是全社会的事。""要健全东西部协作、党政机关定点扶贫机制，各部门要积极完成所承担的定点扶贫任务，东部地区要加大对西部地区的帮扶力度，国有企业要承担更多扶贫开发任务。""扶贫开发是全党全社会的共同责任，要动员和凝聚全社会力量广泛参与。要坚持专项扶贫、行业扶贫、社会扶贫等多方力量、多种举措有机结合和互为支撑的'三位一体'大扶贫格局，强化举措，扩大成果""要广泛调动社会各界参与扶贫开发积极性，鼓励、支持、帮助各类非公有制企业、社会组织、个人自愿采取包干方式参与扶贫。""鼓励支持各类企业、社会组织、个人参与脱贫攻坚。""要引导社会扶贫重心下沉，促进帮扶资源向贫困村和贫困户流动，实现同精准扶贫有效对接。"这些重要论述阐述了社会扶贫的重要作用及其不可替代性，对如何更加广泛地动员社会参与提出了新要求，为进一步做好社会扶贫工作指明了方向。

扶贫开发是全党全社会的共同责任，要动员和凝聚全社会力量广泛参与。要坚持专项扶贫、行业扶贫、社会扶贫等多方力量，多种举措有机结合和互为支撑的"三位一体"大扶贫格局，健全东西协作、党政机关定点扶贫机制，广泛调动社会各界参与扶贫开发积极性。

——2015 年 6 月 18 日习近平在部分省区市扶贫攻坚与"十三五"时期经济社会发展座谈会上的讲话

习近平总书记关于社会扶贫的重要论述，从扶贫是全党全社会的共同责任的高度，深入阐述了广泛动员社会力量的重大意义和基本途径。减贫目标的实现是行业扶贫、专项扶贫、社会扶贫共同作用的结果，必须构建政府、市场、社会的协同推进的大扶贫格局。各级党委政府要不断加大扶贫开发力度，要更加广泛动员社会参与扶贫。做好社会扶贫工作，对于弘扬中华民族扶贫济困的传统美德，培育和践行社会主义核心价值观，动员社会各方面力量共同向贫困宣战，具有重要意义。社会扶贫思想就是要进一步动员东部地区加大对西部地区的帮扶力度，进一步动员各部门各单位积极完成所承担的定点扶贫任务，进一步引导国有企业承担更多扶贫开发任务，进一步鼓励、支持、帮助各类非公有制企业、社会组织、个人自愿采取多种形式参与扶贫。只有这样，才能更加广泛、更加有效地动员和凝聚各方面力量，构建大扶贫格局，形成脱贫攻坚的强大合力。

四、习近平总书记关于扶贫工作的重要论述的重要贡献

习近平总书记关于扶贫工作的重要论述立足于我国社会主义初级阶段的基本国情，把马克思主义基本理论同中国发展的实际和时代特征相结合，系统地回答了中国社会主义现代化的一系列根本问题，具有开放性与兼容性、科学性与前瞻性、实践性与创造性、全面性与整体性等特点。习近平总书记关于扶贫工作的重要论述是关于中国经济社会发展的科学理论，从理论上和实践上解决了发展中国家现代化进程中面临的一系列理论和实践问题，体现了马克思主义世界观和方法论，是中国特色社会主义理论体系的重要组成部分和新发展，是马克思主义中国化的重大理论发展，是中国特色社会主义道路的重大实践成果。

（一）习近平总书记关于扶贫工作的重要论述是马克思主义中国化的最新成果

中国特色社会主义建设和发展的指导思想是马克思主义理论，习近平总书记关于扶贫工作的重要论述是马克思主义理论与中国的具体实践相结合的产物，是马克思主义中国化的最新成果。

党的十八大以来，以习近平同志为核心的党中央高度重视扶贫工作，深刻阐述了扶贫开发的紧迫性，吹响了中国扶贫攻坚战的集结号，开创性地提出精准扶贫、精准脱贫的思想和方略。习近平总书记关于扶贫工作的重要论述，一

方面继承了马克思主义关于人的全面发展和共同富裕的思想，另一方面紧密结合时代的发展与变化，丰富和深化了马克思主义的贫困治理思想，为马克思主义贫困治理理论的发展做出了贡献。

（二）习近平总书记关于扶贫工作的重要论述为全面建成小康社会奠定了坚实基础

中国共产党第十八次全国代表大会以来，以习近平同志为核心的党中央把脱贫攻坚作为全面建成小康社会的重要任务，纳入"五位一体"总体布局和"四个全面"战略布局，摆到治国理政的重要位置，明确提出到2020年中国现行标准下农村贫困人口实现脱贫，贫困县全部摘帽，解决区域性整体贫困的目标任务。习近平总书记提出了脱贫攻坚的一系列重大政治观点、重大战略决策、重大战略部署，形成了新时期扶贫开发重要战略思想，进一步丰富发展了治国理政新战略、新理念、新思路，为深入推进扶贫开发工作提供了政治指导和行动指南。习近平总书记关于扶贫工作的重要论述为全面解决贫困问题指明了正确的道路，更为全面建成小康社会，实现中华民族的伟大复兴指明了方向。

（三）习近平总书记关于扶贫工作的重要论述为全球贫困治理贡献了中国方案

贫困是人类长期面临的社会现象。2015年9月，世界各国领导人在联合国总部通过了联合国2030年可持续发展议程。消除一切形式的极端贫困是2030年可持续发展议程的首要目标。

我国是最大的发展中国家，我国的反贫困具有世界意义。我国扶贫开发事业既是我国政府的职责，也是全世界反贫困事业的重要组成部分。我国反贫困特别是消除绝对贫困对世界影响巨大。我国丰富的扶贫经验对于世界上其他国家来说，具有重大的借鉴意义。我国政府在进行贫困治理的过程中坚持解放思想、改革开放、科学发展的原则，创造了政府主导、社会动员，立足发展、坚持开发，因地制宜、综合治理等基本经验。我国是世界上减贫成效最为显著的国家，中国特色贫困治理基本经验得到了国际社会的高度赞扬和广泛认可。习近平总书记倡议"共建一个没有贫困、共同发展的人类命运共同体"，积极推动我国与国际社会的减贫合作与交流，展示了我国对于世界减贫发展的责任意识和大国担当。我国积极承担国际减贫责任，更加有效、力所能及地深化国际减贫合作，为全球2030年可持续发展议程的推进，提出中国方案，贡献中国智慧。习近平总书记关于扶贫工作的重要论述为当代发展理论的研究开辟了新路，为发展研究特别是发展中国家对自身发展的研究提供了典范，对于世界特别是发展中国家的发展具有重要的指导意义。

新中国成立以来，特别是改革开放四十年，中国的扶贫取得了巨大的成就，形成了具有中国特色的扶贫理论和实践经验，探索出一条具有中国特色的减贫发展道路。中国扶贫理论为世界减贫提供了中国智慧和中国经验。

本书一方面从贫困的界定、贫困的产生、贫困的测量、贫困分析的维度等方面系统阐述了扶贫理论的基本内容；另一方面，将扶贫理论与中国的实践相结合，梳理了中国扶贫理论产生的背景，分析了中国特色扶贫理论的完善与创新，重点介绍了中国扶贫理论的最新、最重要的成果——习近平总书记关于扶贫工作的重要论述。

本书由国务院扶贫办全国扶贫宣传教育中心组织编写，武汉大学中国减贫发展研究中心承担编写任务。具体写作分工：第一章"贫困概述"由华汛子撰写；第二章"贫困的产生"由邱琳撰写；第三章"贫困的测量"由秦泽慧、陈琦撰写；第四章"贫困分析的维度"由苏海撰写；第五章"中国特色扶贫理论的背景"由向雪琪撰写；第六章"中国特色扶贫理论的构建"由胡振光撰写；第七章"习近平总书记关于扶贫工作的重要论述"由向德平撰写。全书由向德平拟定写作框架并统稿、定稿。

本书的编写出版得到了国务院扶贫办全国扶贫宣传教育中心的支持。全国扶贫宣传教育中心主任黄承伟研究员指导了本书的框架设计，审阅了稿件。中国社会科学院社会发展战略研究院沈红研究员、中国农业科学院农业经济研究所夏英研究员对初稿进行了评审，为本书提出了详尽的修改意见。全国扶贫宣传教育中心副主任刘晓山、全国扶贫宣传教育中心干部培训处处长骆艾荣、全国扶贫宣传教育中心开发培训处处长刘少锋、全国扶贫宣传教育中心干部培训处干部阎艳为本书的编写出版提供了支持。中国农业出版社在对本教材审校过程中，给予了支持。

本书为国家社科基金重大项目"精准扶贫战略实施的动态监测与成效评价研究"（16ZDA022）、教育部哲学社会科学发展报告资助项目"中国反贫困发展报告"（11JBGP038）的研究成果。

感谢所有关心、支持本书的领导、专家和同仁！

编　者

2018 年 5 月

图书在版编目（CIP）数据

中国扶贫理论的形成与发展／全国扶贫宣传教育中心组织编写 . —北京：中国农业出版社，2018.8（2018.12重印）
全国扶贫教育培训系列教材
ISBN 978 - 7 - 109 - 24110 - 7

Ⅰ.①中⋯ Ⅱ.①全⋯ Ⅲ.①扶贫-中国-干部培训-教材 Ⅳ.①F124.7

中国版本图书馆 CIP 数据核字（2018）第 081984 号

Zhongguo Fupin Lilun de Xingcheng yu Fanzhan

中国农业出版社出版
（北京市朝阳区麦子店街 18 号楼）
（邮政编码 100125）
责任编辑　黄向阳
文字编辑　丁晓六

北京中兴印刷有限公司印刷　　新华书店北京发行所发行
2018 年 8 月第 1 版　　2018 年 12 月北京第 2 次印刷

开本：700mm×1000mm　1/16　印张：7.5
字数：129 千字
定价：26.00 元
（凡本版图书出现印刷、装订错误，请向出版社发行部调换）